# ¡Aprendamos a Leer

### *Más de 150 ejercicios para practicar, revisar y ~~...~~ las destrezas de lecto-escritura*

- Fonética • Leer para Entender
- Uso de las Mayúsculas y Reglas de Puntuación
- Composición de Oraciones • Composición de Historias

## Primer a Tercer Grado

**Escrito por Ruth Solski**
**Traducido por Hellen Martínez**
**Ilustrado por S&S Learning Materials**

### La Autora:

Ruth Solski, fundadora de S&S Learning Materials, es una educadora con más de 30 años de experiencia, durante los cuales ha escrito una amplia variedad de materiales educativos. Como escritora, su meta principal es ofrecer a los maestros una herramienta útil que se pueda utilizar en el salón de clases para traer alegría a la enseñanza escolar.

Publicado en Canadá por:
On The Mark Press
15 Dairy Avenue
Napanee, Ontario
K7R 1M4
www.onthemarkpress.com

OTM-2536  ISBN: 9781770788053
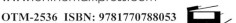

# Índice

# Fonética

*Fonética* es un recurso efectivo para enseñar o revisar una gran variedad de conceptos fonéticos. Las actividades que se presentan en este libro incluyen prácticas de reconocimiento de consonantes al inicio de las palabras, la c suave y la c fuerte, la g suave y la g fuerte, vocales acentuadas y no acentuadas, dígrafos, unión de letras, división silábica, antónimos y homónimos. Los ejercicios también permiten practicar los aspectos de deletreo de palabras y sustitución de sonidos.

## Cuadernos de trabajo en español

### Fundamentos de lenguaje para:

- ESI (Español como Segundo Idioma)

¡Felicitaciones por la compra de esta valiosísima fuente de aprendizaje! Aquí tiene usted una serie en español para educadores y padres lista para usar. Estos libros de trabajo los puede utilizar para enseñar, revisar y reforzar las habilidades básicas de lenguaje. Compuesto por material basado en currículos escolares de lectura, lenguaje y matemática, estos libros de trabajo son ideales para estudiantes que están aprendiendo español como primer o segundo idioma.

Las actividades de esta serie se han traducido del inglés al español tratando de mantener la mayor similitud posible, intentando lograr un enfoque de "traducción directa". Este enfoque se ha mantenido en todas las actividades principales y, en los casos en los que no se pudo hacer una traducción directa debido a las diferencias lingüísticas, se optó por la "adaptación" de las actividades. Esta serie ofrece hojas de trabajo que ayudarán a su niño a desarrollar una sólida comprensión de los conceptos básicos en matemática, lectura y lenguaje en español.

*Fonética*

# Palabras que comienzan con los sonidos:
## d, b, p, t, c

Mira la figura. Pronuncia su nombre. Escribe la letra del sonido con el que empieza el nombre de la figura en el espacio en blanco abajo de cada figura.

Objetivo: Reconocer palabras que empiezan con las consonantes d, b, p, t, c.

OTM-2536  ISBN: 9781770788053  4 © On The Mark Press

# Palabras que comienzan con los sonidos:
## g, y, j, f, k

Mira la figura. Pronuncia su nombre. Escribe la letra del sonido con el que empieza el nombre de la figura en el espacio en blanco abajo de cada figura.

Objetivo: Reconocer palabras que empiezan con las consonantes g, y, j, f, k.

OTM-2536  ISBN: 9781770788053

# Palabras que comienzan con los sonidos:
## h, s, l, m, n

Mira la figura. Pronuncia su nombre. Escribe la letra del sonido con el que empieza el nombre de la figura en el espacio en blanco abajo de cada figura.

Objetivo: Reconocer palabras que empiezan con las consonantes h, s, l, m, n.

*Fonética*

# Palabras que comienzan con el sonido:
## r, v, z

Mira la figura. Pronuncia su nombre. Escribe la letra del sonido con el que empieza el nombre de la figura en el espacio en blanco abajo de cada figura.

Objetivo: Reconocer palabras que empiezan con las consonantes r, v, z.

OTM-2536 ISBN: 9781770788053

# Hagamos palabras usando los sonidos
# d, b, p, t, c

Mira la figura, pronuncia su nombre y deletrea la palabra.

| | | | |
|---|---|---|---|
| ___ úfalo | ___ apa | ___ andado | ___ otella |
| ___ ato | ___ ometa | ___ eluca | ___ ozo |
| ___ iente | ___ elota | ___ arro | ___ ado |
| ___ rompo | ___ erro | ___ olsa | ___ ienda |

Objetivo: Reconocer palabras que empiezan con las consonantes d, b, p, t, c.

*Fonética*

# Hagamos palabras usando los sonidos
## g, y, j, f, k

Mira la figura, pronuncia su nombre y deletrea la palabra.

| | | | |
|---|---|---|---|
| ____ ato | ____ orro | ____ oca | ____ amón |
| ____ irafa | ____ o-yo | ____ iosco | ____ ate |
| ____ arrón | ____ antasma | ____ oma | ____ abalí |
| ____ alón | ____ eringa | ____ rutas | ____ uante |

Objetivo: Reconocer palabras que empiezan con las consonantes g, y, j, f, k.

OTM-2536 ISBN: 9781770788053

9

© On The Mark Press

# Hagamos palabras usando los sonidos
# h, s, l, m, n

Mira la figura, pronuncia su nombre y deletrea la palabra.

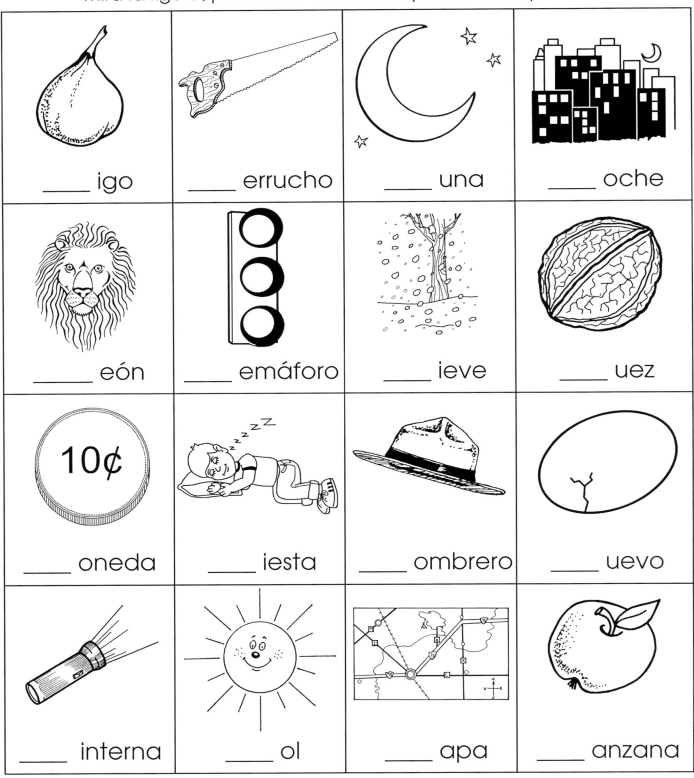

____ igo

____ errucho

____ una

____ oche

____ eón

____ emáforo

____ ieve

____ uez

____ oneda

____ iesta

____ ombrero

____ uevo

____ interna

____ ol

____ apa

____ anzana

Objetivo: Reconocer palabras que empiezan con las consonantes h, s, l, m, n.

*Fonética*

# Hagamos palabras usando los sonidos
## r, v, z

Mira la figura, pronuncia su nombre y deletrea la palabra.

| | | | |
|---|---|---|---|
| 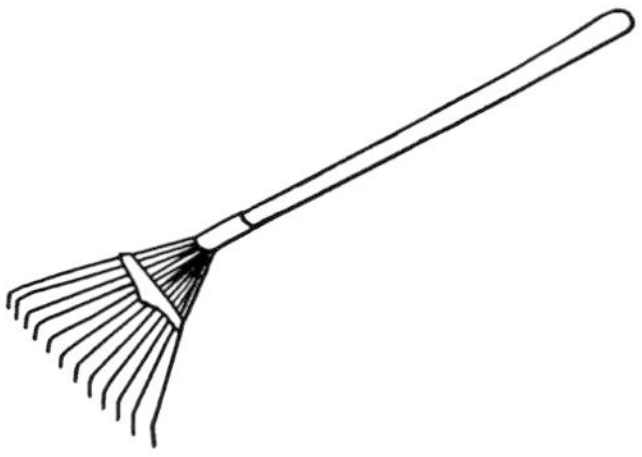 ____ astrillo |  ____ ebra |  ____ atón | 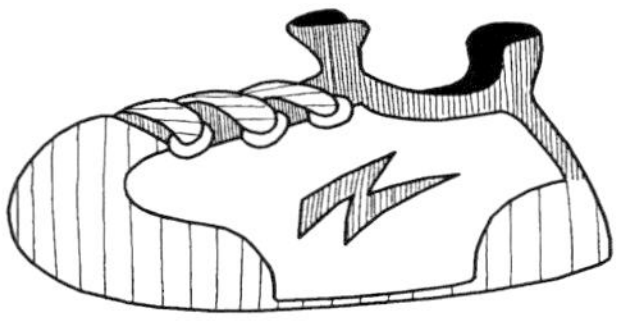 ____ apato |
|  ____ ampiro |  ____ ío |  ____ orrillo | 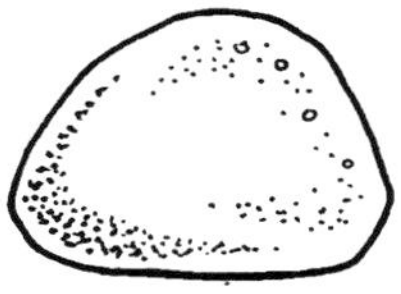 ____ oca |
| 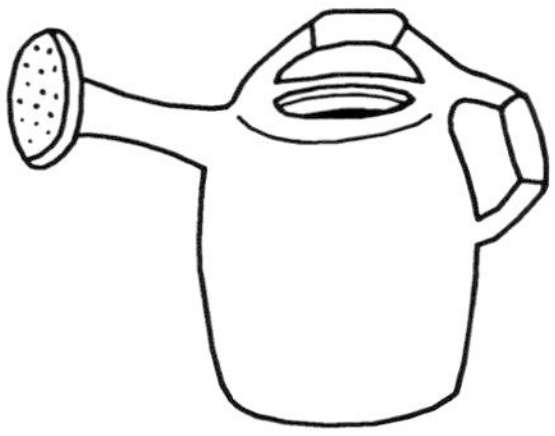 ____ egadera |  ____ iento |  ____ iña |  ____ opa |
|  ____ osa |  ____ egalo |  ____ orro |  ____ aca |

Objetivo: Reconocer palabras que empiezan con las consonantes r, v, z

OTM-2536  ISBN: 9781770788053

*Fonética*

# Sonidos finales: d, t, s, n, l, r, z, j

Mira la figura, pronuncia su nombre y escribe la letra con que termina la palabra en la línea de abajo de cada recuadro.

lápi ____

árbo ____

tambo ____

re ____

mamu ____

delfí ____

autobú ____

relo ____

compá ____

pe ____

robo ____

nue ____

avió ____

raí ____

corazó ____

pape ____

Objetivo: Reconocer y escribir palabras que terminan con una consonante.

12

# Revisemos los sonidos iniciales y finales

b, c, d, f, g, h, j, k, l, m, n, p, r, s, t, v, y, x

Mira cada figura, pronuncia su nombre y escribe la letra con la que empieza y con la que termina cada palabra en las líneas de abajo de cada recuadro.

| | | | |
|---|---|---|---|
| __ aí __ | __ amió __ | __ abó __ | __ a __ |
| __ araco __ | __ lo __ | __ o __ | __ imó __ |
| __ are __ | __ elfí __ | __ itó __ | __ re __ |
| __ ardí __ | __ elevisió __ | __ elo __ | __ eli __ |

Objetivo: Revisar palabras que tienen una consonante al inicio y al final.

¡Llena mis jarros de miel con palabras nuevas! Cambia la tercera letra de la primera palabra para hacer dos palabras nuevas.
**Por ejemplo:** pato  pavo  pago  paso

1.
rana
ra __ a
ra __ a

2.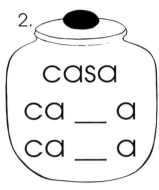
casa
ca __ a
ca __ a

3.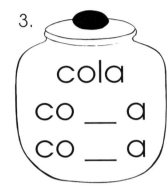
cola
co __ a
co __ a

4.
bola
bo __ a
bo __ a

5.
masa
ma __ a
ma __ a

6.
pata
pa __ a
pa __ a

7.
saco
sa __ o
sa __ o

8.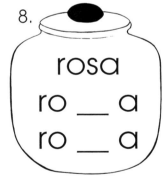
rosa
ro __ a
ro __ a

9.
tiza
ti __ a
ti __ a

10.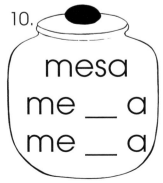
mesa
me __ a
me __ a

11.
tapa
ta __ a
ta __ a

12.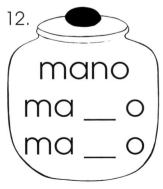
mano
ma __ o
ma __ o

OTM-2536  ISBN: 9781770788053

14

Algunas veces las consonantes van en el medio de las palabras.

Pronuncia el nombre de cada figura y luego escribe la consonante que falta para deletrear las palabras correctamente.

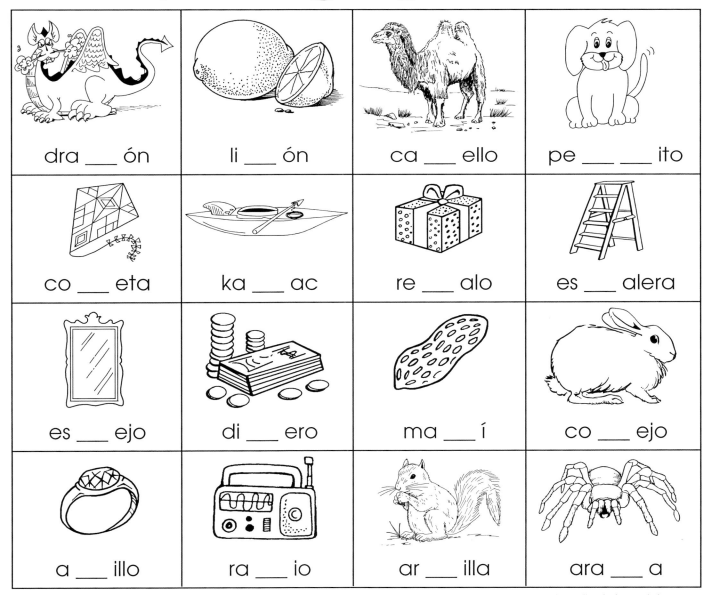

| | | | |
|---|---|---|---|
| dra ___ ón | li ___ ón | ca ___ ello | pe ___ ___ ito |
| co ___ eta | ka ___ ac | re ___ alo | es ___ alera |
| es ___ ejo | di ___ ero | ma ___ í | co ___ ejo |
| a ___ illo | ra ___ io | ar ___ illa | ara ___ a |

Objetivo: Reconocer y escribir consonantes en el medio de las palabras.

# Cc fuerte y Cc suave

La palabra conejo comienza con una c fuerte.

La palabra ciervo comienza con una c suave.

Escribe las palabras que están en el recuadro en las líneas correspondientes que están abajo.

| | | | | |
|---|---|---|---|---|
| caramelo | decidir | candela | lapicero | camello |
| cemento | alce | cabeza | vaca | cielo |
| corbata | camisa | centro | comer | cono |
| ciudad | cena | cara | mecenas | amanecer |

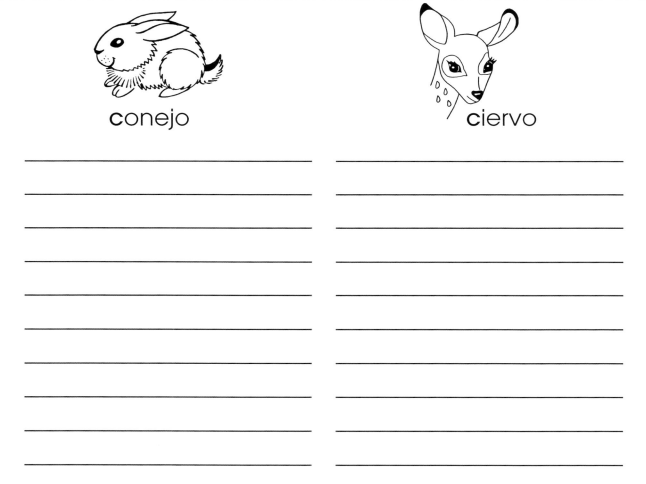

conejo　　　　　　　　　　ciervo

_____　　_____

_____　　_____

_____　　_____

_____　　_____

_____　　_____

_____　　_____

_____　　_____

_____　　_____

Objetivo: Reconocer la c fuerte y la c suave.

# La Gg fuerte y la Gg suave

El grande y angurriento gigante adora contar sus genuinas monedas de oro.

La primera g de la palabra gigante y la g de la palabra genuinas tienen una g fuerte.

La segunda g de la palabra gigante, la palabra grande y la palabra angurriento tienen una g suave.

Colorea en <u>amarillo</u> las monedas que tienen palabras con g suave.

Colorea en <u>rojo</u> las monedas que tienen palabras con g fuerte.

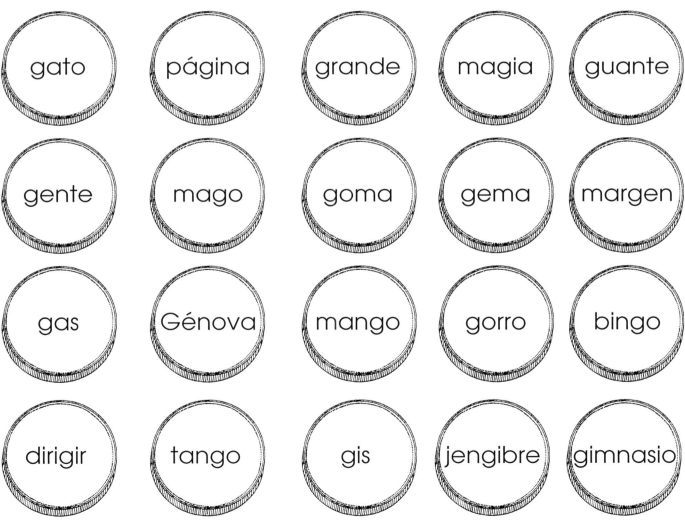

| | | | | |
|---|---|---|---|---|
| gato | página | grande | magia | guante |
| gente | mago | goma | gema | margen |
| gas | Génova | mango | gorro | bingo |
| dirigir | tango | gis | jengibre | gimnasio |

Objetivo: Reconocer la g fuerte y la g suave.

OTM-2536  ISBN: 9781770788053

*Fonética*

# Aa y Áá

## El Ángel Antonio adora volar.

La letra "A" de la palabra <u>Antonio</u> no lleva acento.

La letra "A" de la palabra <u>Ángel</u> sí lleva acento.

Pronuncia el nombre de cada figura y luego escribe la palabra.  No olvides poner el acento a las palabras que lo necesitan.

Objetivo: Reconocer la Áá acentuada y la Aa no acentuada.

OTM-2536  ISBN: 9781770788053

# Ee y Éé

El **E**nano Pedro talla el **é**bano para hacer una hermosa silla.

La letra "E" de la palabra <u>Enano</u> no lleva acento.

La letra "e" de la palabra <u>ébano</u> sí lleva acento.

Pronuncia el nombre de cada figura y luego escribe la palabra. No olvides poner el acento a las palabras que lo necesitan.

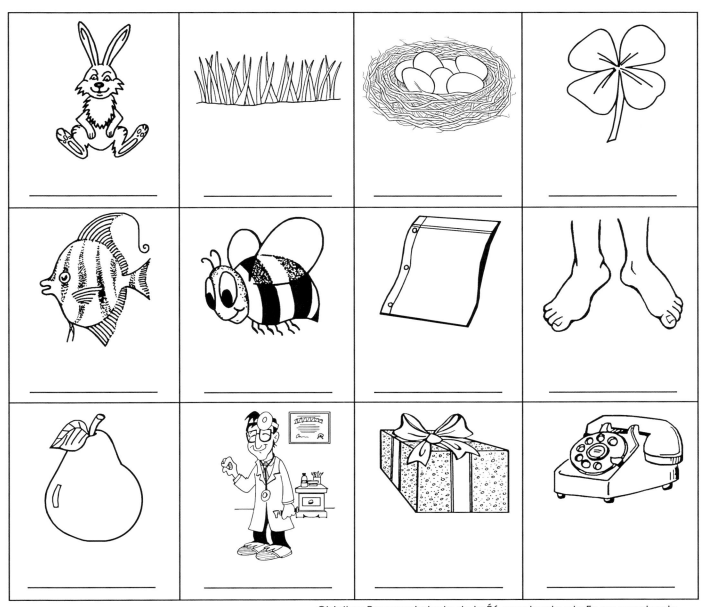

Objetivo: Reconocimiento de la Éé acentuada y la Ee no acentuada.

# Ii e Íí

El Mono Ignacio usa su dedo índice para señalar la iguana.

La letra "I" de la palabra <u>Ignacio</u> y la palabra <u>iguana</u>
no lleva acento.

La letra "i" de la palabra <u>índice</u> sí lleva acento.

Pronuncia el nombre de cada figura y luego escribe la palabra.
No olvides poner el acento a las palabras que lo necesitan.

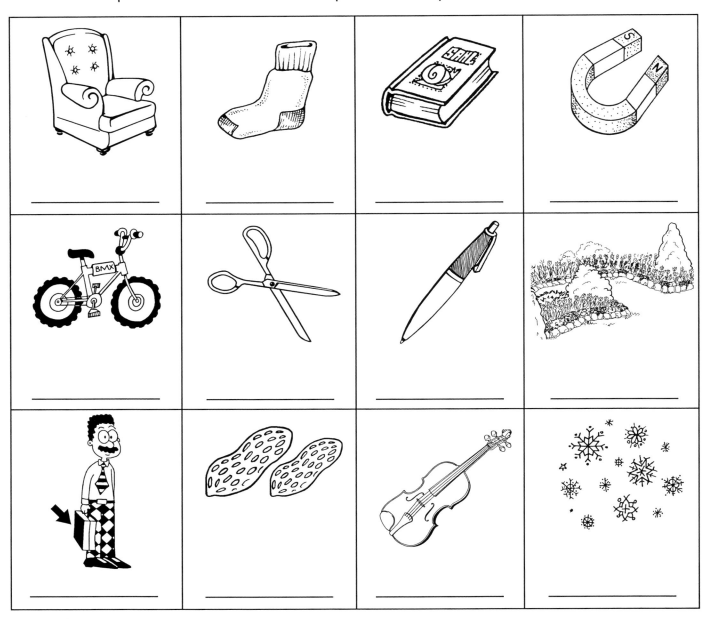

Objetivo: Reconocer la Íí acentuada y la Ii no acentuada.

 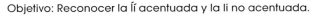

# Oo y Óó

El Oso Óscar caza para descansar y dormir en invierno.

La letra "O" de la palabra <u>Oso</u>, la palabra <u>dormir</u> y la palabra <u>invierno</u> no lleva acento.

La letra "o" de la palabra <u>Óscar</u> sí lleva acento.

Pronuncia el nombre de cada figura y luego escribe la palabra. No olvides poner el acento a las palabras que lo necesitan.

| | | | |
|---|---|---|---|
| _____ | _____ | _____ | _____ |
| _____ | _____ | _____ | _____ |
| _____ | _____ | _____ | _____ |

Objetivo: Reconocer la Óó acentuada y la Oo no acentuada.

# Uu y Úú

El **U**nicornio **U**lises usa su **ú**nico **cu**erno para defenderse.

La letra "U" de la palabra <u>Unicornio</u>, la palabra <u>Ulises</u> y la palabra <u>cuerno</u> no lleva acento.

La letra "u" de la palabra <u>único</u> sí lleva acento.

Pronuncia el nombre de cada figura y luego escribe la palabra. No olvides poner el acento a las palabras que lo necesitan.

Objetivo: Reconocer la Úú acentuada y la Uu no acentuada.

# ¿Qué tan bien conoces las vocales?

Pronuncia el nombre de cada figura y luego escribe la palabra.
No olvides poner el acento a las palabras que lo necesitan.

Ejemplo:

<u>timón</u>

Objetivo: Revisar las vocales acentuadas y no acentuadas.

*Fonética*

# Dígrafos

### ¿Qué sonido escuchas?

### ¿Es **ch** o **ll**?

Escribe el sonido que falta en la línea de abajo de cada recuadro.

| | | | |
|---|---|---|---|
| ____ ama | ____ aleco | si ____ a | cu ____ ara |
| sombri ____ a | po ____ o | ____ imenea | mo ____ ila |
| ____ uvia | ____ an ____ o | ani ____ o | cu ____ illo |
| ____ ampiñón | ____ orar | ____ ocolate | ____ ave |

Objetivo: Reconocer los dígrafos "ch" y "ll".

OTM-2536 ISBN: 9781770788053

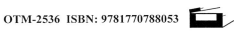

# ¡Hagamos palabras nuevas!

Usa los dígrafos "**ch**" y "**ll**".

Escribe "ch" o "ll" en los espacios en blanco para completar la palabra que da sentido a cada frase.

1.  Mi papá nos ___eva a pasear en co___e todos los domingos.

2.  ¡Qué ___eno estoy!  Creo que comí mu___as en___iladas.

3.  El casti___o se ve muy hermoso por las no___es.

4.  Me gusta mucho los va___enatos y cantar "La Cucara___a".

5.  La Be___a Durmiente se pin___ó el dedo en una rueca.

6.  La ___uvia caía a ___orros y los ___icos corrían por todas partes.

7.  Mi ca___orro se ___ama Sam y ___ora mu___o por las no___es.

8.  Desembarcando en las ori___as del Atlántico, Cristóbal Colón ___egó a América.

9.  Los ga___os cantan al amanecer; las le___uzas lo hacen en la no___e.

10. Felipe ha___ó el cuento de "Los Tres Co___initos".

11. La cita es a las o___o.  Por favor, no ___egues tarde.

12. Tengo las ___aves de mi casa en mi mo___ila.

Objetivo: Usar los dígrafos "ch" y "ll".

# ¡Unamos las letras!

¿Con qué combinación de letras comienzan las palabras?

Escribe la combinación de letras correcta en la línea en blanco de cada recuadro.

| bl, cl, fl, gl, pl, br, cr, dr, fr, gr, pr, tr |
|---|

| | | | |
|---|---|---|---|
| ____ esa | ____ oques | ____ agón | ____ átano |
| ____ aje | ____ iciclo | ____ áter | ____ ato |
| ____ obo | ____ ase | ____ ompo | ____ or |
| ____ ocha | ____ anja | ____ azo | ____ isión |

Objetivo: Reconocer las letras "r" y "l" al unirlas con otras consonantes.

# Unamos las letras para formar palabras con "r" y "l"

Haz palabras nuevas usando las siguientes combinaciones de letras:

> br, cr, dr, fr, gr, pr, tr, bl, cl, fl, gl, pl

Escribe las letras en los espacios en blanco para completar la palabra que da sentido a la frase.

1. El li___o que me regaló mi tío Pe___o ha___a de las aventuras de un pirata.

2. Las ___ores de los ___ados se ven ___eciosas en la ___imavera.

3. Mi ___imo ___audio y yo fuimos a la ___aya a correr ta___a.

4. Pa___o y Bea___iz ___abajan con mucha dedicación en sus tareas.

5. Mi cuento favorito es ___anca Nieves y los Siete Enanos.

6. La bandera de Estados Unidos tiene ___anjas de colores rojo y blanco.

7. La sor___esa de mi tía fue muy ___ande cuando me vio en___ar.

8. ¿Cuántos años cum___e ___istina?

9. El tem___or hizo que los po___os salieran corriendo de la ___anja.

10. Mi animal ___ehistórico favorito es el ti___e dientes de sa___e.

11. La ___ema de cacahuate es muy sa___osa.

12. Ayer el día estuvo muy ___ío, aunque había sol y estaba ___aro.

Objetivo: Usar las letras "l" y "r" unidas con otras consonantes para hacer palabras nuevas.

# ¡Sigamos uniendo las letras!

¡Sigamos practicando unir nuestras letras para formar palabras!

Escribe la combinación de letras correcta en la línea en blanco de cada recuadro.

| bl, cl, fl, gl, pl, br, cr, dr, fr, gr, pr, tr |
|:---:|

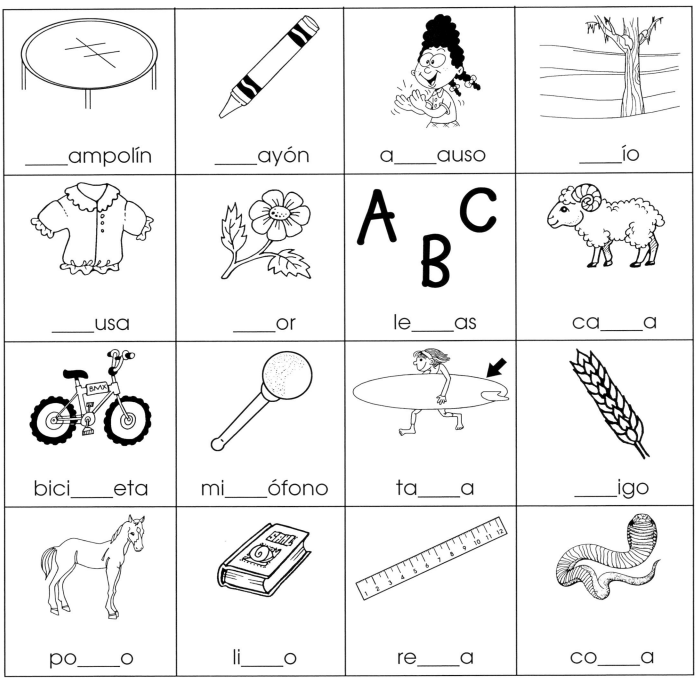

| | | | |
|:---:|:---:|:---:|:---:|
| ____ampolín | ____ayón | a____auso | ____ío |
| ____usa | ____or | le____as | ca____a |
| bici____eta | mi____ófono | ta____a | ____igo |
| po____o | li____o | re____a | co____a |

Objetivo: Reconocer las letras "r" y "l" al unirlas con otras consonantes.

# Unamos las letras para formar más palabras con "r" y "l"

Haz palabras nuevas usando las siguientes combinaciones de letras:

br, cr, dr, fr, gr, pr, tr, bl, cl, fl, gl, pl

Escribe las letras en los espacios en blanco para completar la palabra que da sentido a la frase.

1. "El ___autista de Hamelín" fue es___ito por un autor desconocido.

2. La fiesta de Pa___icia estaba decorada con ___obos y ___ores.

3. América está rodeada por el Océano A___ántico y el Océano Pacífico.

4. Me gusta mucho la geo___afía y la geome___ía.

5. Mi perrito es de raza la___ador y le encanta hacer ___avesuras.

6. Mis ___ores favoritas son los ___aveles y las rosas porque tienen una ___agancia muy suave.

7. Al do___ar la calle, me caí de la bici___eta y me golpeé el ___azo.

8. Mi papá sale muy tem___ano a ___abajar todos los días.

9. Mi salón de ___ase es ___ande y de paredes ___ancas.

10. En las Olimpiadas, los ___es ___imeros lugares obtienen medallas de oro, ___ata y ___once.

11. El ci___o de un ser vivo es: nace, ___ece, se re___oduce y muere.

12. Cuando el río suena es porque pie___as ___ae.

Objetivo: Usar las letras "l" y "r" unidas con otras consonantes para hacer palabras nuevas.

# Trabajemos con sílabas

La **sílaba** es una letra o un conjunto de letras en donde se emplea una sola emisión de voz.

Algunas palabras tienen una sílaba, otras tienen dos, tres o incluso cuatro o más sílabas.

Lee cada palabra cuidadosamente y luego escribe el número de **vocales** que ves y el número de **sonidos o emisiones de voz** que escuchas y luego el **número de sílabas** de cada palabra.

| | Palabra | Vocales | Sonidos o Emisiones de Voz | Sílabas |
|---|---|---|---|---|
| 1. | clase | | | |
| 2. | fe | | | |
| 3. | alumno | | | |
| 4. | muérdago | | | |
| 5. | alfabeto | | | |
| 6. | escuela | | | |
| 7. | felicidad | | | |
| 8. | guitarra | | | |
| 9. | escritorio | | | |
| 10. | gato | | | |
| 11. | queso | | | |
| 12. | mantel | | | |
| 13. | piedra | | | |
| 14. | querubín | | | |
| 15. | canal | | | |
| 16. | historia | | | |

Objetivo: Reconocer sílabas.

# Antónimos, Homónimos y Sinónimos

Los **antónimos** son palabras que tienen significados opuestos.

**Ejemplo:** feliz – triste

Los **homónimos** son palabras que tienen sonido parecido pero que se escriben de diferente manera. Los homónimos tienen significados diferentes.

**Ejemplo:** hora – ora

Los **sinónimos** son palabras que tienen significados similares.

**Ejemplo:** contento – feliz

Escribe una **A** en la línea si las palabras son **antónimas**, una **H** si las palabras son **homónimas** y una **S** si son **sinónimas**.

| | | |
|---|---|---|
| 1. corto, largo _____ | 14. simple, fácil _____ | 27. gordo, flaco _____ |
| 2. enfermo, sano _____ | 15. angosto, ancho ___ | 28. bienes, vienes_____ |
| 3. casa, caza _____ | 16. grande, amplio____ | 29. bello, vello _____ |
| 4. fuerte, débil _____ | 17. tuvo, tubo _____ | 30. halla, haya _____ |
| 5. amigo, enemigo ____ | 18. ciento, siento _____ | 31. grava, graba _____ |
| 6. vaso, bazo _____ | 19. prisa, apuro _____ | 32. lento, rápido _____ |
| 7. pared, muro _____ | 20. abierto, cerrado___ | 33. bonito, feo _____ |
| 8. ola, hola _____ | 21. pequeño, chico ___ | 34. alto, bajo _____ |
| 9. frío, caliente _____ | 22. horca, orca _____ | 35. sabia, savia _____ |
| 10. ciego, siego _____ | 23. debajo, sobre _____ | 36. dulce, amargo____ |
| 11. arriba, abajo _____ | 24. bueno, malo _____ | 37. has, haz, as _____ |
| 12. quieto, tranquilo_____ | 25. igual, diferente ____ | 38. brillante, opaco ___ |
| 13. huso, uso _____ | 26. dentro, fuera _____ | 39. cerca, próximo ___ |

Objetivo: Clasificar palabras como antónimas, sinónimas u homónimas.

# Respuestas

**Página 4:**
*Fila 1:*  **p**erro, **b**alde, **p**elota, **p**ez
*Fila 2:*  **c**ometa, **c**abra, **t**ortuga, **c**asa
*Fila 3:*  **c**aballo, **b**ruja, **c**onejo, **d**edo
*Fila 4:*  **p**ato, **d**ado, **b**ote, **t**aza

**Página 5:**
*Fila 1:*  **g**lobo, **g**ato, **f**aro, **g**uante
*Fila 2:*  **j**uguete, **g**uitarra, **g**orila, **j**arra
*Fila 3:*  **g**ota, **g**usano, **f**oca, **f**lor
*Fila 4:*  **y**o-yo, **f**rutas, **f**uego, **j**abón

**Página 6:**
*Fila 1:*  **m**esa, **h**oja, **h**ada, **l**ámpara
*Fila 2:*  **s**aco, **l**imón, **h**ipopótamo, **m**itón
*Fila 3:*  **m**ono, **s**illa, **s**apo, **s**ofá
*Fila 4:*  **m**áscara, **s**erpiente, **n**ueve, **s**errucho

**Página 7:**
*Fila 1:*  **v**egetales, **v**ela, **v**aso, **r**atón
*Fila 2:*  **v**entana, **v**olcán, **r**obot, **r**adio
*Fila 3:*  **z**apato, **v**iento, **r**ey, **r**ama
*Fila 4:*  **z**ebra, **v**estido, **v**iolín, **r**eloj

**Página 8:**
*Fila 1:*  búfalo, tapa, candado, botella
*Fila 2:*  pato, cometa, peluca, pozo
*Fila 3:*  diente, pelota, carro, dado
*Fila 4:*  trompo, perro, bolsa, tienda

**Página 9:**
*Fila 1:*  gato, gorro, foca, jamón
*Fila 2:*  jirafa, yo-yo, kiosco, yate
*Fila 3:*  jarrón, fantasma, goma, jabalí
*Fila 4:*  galón, jeringa, frutas, guante

**Página 10:**
*Fila 1:*  higo, serrucho, luna, noche
*Fila 2:*  león, semáforo, nieve, nuez
*Fila 3:*  moneda, siesta, sombrero, huevo
*Fila 4:*  linterna, sol, mapa, manzana

**Página 11:**
*Fila 1:*  rastrillo, zebra, ratón, zapato
*Fila 2:*  vampiro, río, zorrillo, roca
*Fila 3:*  regadera, viento, viña, ropa
*Fila 4:*  rosa, regalo, zorro, vaca

**Página 12:**
*Fila 1:*  lápiz, árbol, tambor, red
*Fila 2:*  mamut, delfín, autobús, reloj
*Fila 3:*  compás, pez, robot, nuez
*Fila 4:*  avión, raíz, corazón, papel

**Página 13:**
*Fila 1:*  m - z; c - n; j - n; p - n
*Fila 2:*  c - l; f - r; s - l; l - n
*Fila 3:*  p - d; d - n; m - n; t - n
*Fila 4:*  j - n; t - n; r - j; f - z

**Página 14:**
Las respuestas pueden variar, pero las palabras
deben tener sentido.

**Página 15:**
*Fila 1:*  dragón, limón, camello, perrito
*Fila 2:*  cometa, kayak, regalo, escalera
*Fila 3:*  espejo, dinero, maní, conejo
*Fila 4:*  anillo, radio, ardilla, araña

**Página 16:**
*C fuerte:*  caramelo, corbata, camisa, candela,
cabeza, cara, vaca, comer, camello,
cono
*C suave:*  cemento, ciudad, decidir, alce, cena,
centro, lapicero, mecenas, cielo,
amanecer

**Página 17:**
*Amarillo:*  gato, grande, guante, mago, goma,
gas, mango, gorro, bingo, tango
*Rojo:*  página, magia, gente, gema, margen,
Génova, dirigir, gis, jengibre, gimnasio

**Página 18:**
*Fila 1:*  mano, ángel, casa, árbol
*Fila 2:*  lápiz, hacha, oveja, volcán
*Fila 3:*  pañal, pato, sofá, imán

**Página 19:**
*Fila 1:*  conejo, césped, huevos, trébol
*Fila 2:*  pez, abeja, papel, pies
*Fila 3:*  pera, médico, regalo, teléfono

**Página 20:**
*Fila 1:*  silla, calcetín, libro, imán
*Fila 2:*  bicicleta, tijera, lapicero, jardín
*Fila 3:*  maletín, maní, violín, nieve

**Página 21:**
*Fila 1:*  caracol, sapo, dólar, hueso
*Fila 2:*  tambor, camión, reloj, perro
*Fila 3:*  jabón, cinturón, timón, botón

**Página 22:**
*Fila 1:*  cupido, lluvia, cuchara, muñeca
*Fila 2:*  cubo, música, cuervo, baúl
*Fila 3:*  fútbol, uniforme, cuna, iglú

**Página 23:**
*Fila 1:*   jabón, baúl, perro, uniforme
*Fila 2:*   trébol, cantar, águila, violín
*Fila 3:*   sapo, abeja, música, árbol
*Fila 4:*   huevos, hueso, libro, ángel

**Página 24:**
*Fila 1:*   llama, chaleco, silla, cuchara
*Fila 2:*   sombrilla, pollo, chimenea, mochila
*Fila 3:*   lluvia, chancho, anillo, chuchillo
*Fila 4:*   champiñón, llorar, chocolate, llave

**Página 25:**
1. lleva, coche
2. lleno, muchas, enchiladas
3. castillo, noches
4. vallenatos, Cucaracha
5. Bella, pinchó
6. lluvia, chorros, chicos
7. cachorro, llama, llora, mucho, noches
8. orillas, llegó
9. gallos, lechuzas, noche
10. halló, Cochinitos
11. ocho, llegues
12. llaves, mochila

**Página 26:**
*Fila 1:*   fresa, bloques, dragón, plátano
*Fila 2:*   traje, triciclo, cráter, plato
*Fila 3:*   globo, clase, trompo, flor
*Fila 3:*   brocha, granja, brazo, prisión

**Página 27:**
1. libro, Pedro, habla
2. flores, prados, preciosas, primavera
3. primo, Claudio, playa, tabla
4. Pablo, Beatriz, trabajan
5. Blanca
6. franjas
7. sorpresa, grande, entrar
8. cumple, Cristina
9. temblor, potros, granja
10. prehistórico, tigre, sable
11. crema, sabrosa
12. frío, claro

**Página 28:**
*Fila 1:*   trampolín, crayón, aplauso, frío
*Fila 2:*   blusa, flor, letras, cabra
*Fila 3:*   bicicleta, micrófono, tabla, trigo
*Fila 4:*   potro, libro, regla, cobra

**Página 29:**
1. Flautista, escrito
2. Patricia, globos, flores
3. Atlántico
4. geografía, geometría
5. labrador, travesuras
6. flores, claveles, fragancia
7. doblar, bicicleta, brazo
8. temprano, trabajar
9. clase, grande, blancas
10. tres, primeros, plata, bronce
11. ciclo, crece, reproduce
12. piedras, trae

**Página 30:**
1. clase - 2, 2, 2
2. fe - 1, 1, 1
3. alumno - 3, 3, 3
4. muérdago - 4, 3, 3
5. alfabeto - 4, 4, 4
6. escuela - 4, 3, 3
7. felicidad - 4, 4, 4
8. guitarra - 4, 3, 3
9. escritorio - 5, 4, 4
10. gato - 2, 2, 2
11. queso - 3, 2, 2
12. mantel - 2, 2, 2
13. piedra - 3, 2, 2
14. querubín - 4, 3, 3
15. canal - 2, 2, 2
16. historia - 4, 3, 3

**Página 31:**

| 1. A | 2. A | 3. H | 4. A |
|------|------|------|------|
| 5. A | 6. H | 7. S | 8. H |
| 9. A | 10. H | 11. A | 12. S |
| 13. H | 14. S | 15. A | 16. S |
| 17. H | 18. H | 19. S | 20. A |
| 21. S | 22. H | 23. A | 24. A |
| 25. A | 26. A | 27. A | 28. H |
| 29. H | 30. H | 31. H | 32. A |
| 33. A | 34. A | 35. H | 36. A |
| 37. H | 38. A | 39. S | |

# Leer para Entender

*Leer para Entender* es un recurso efectivo para enseñar o revisar las habilidades de redacción.  Las actividades de este libro ayudan a desarrollar las siguientes aptitudes de lectura: encontrar la idea principal, buscar relaciones, deducir conclusiones, hacer inferencias, usar contexto, anotar detalles, observar secuencias, seguir instrucciones y entender vocabulario.

## Cuadernos de trabajo en español

### Fundamentos de lenguaje para:

- ESI (Español como Segundo Idioma)

¡Felicitaciones por la compra de esta valiosísima fuente de aprendizaje!  Aquí tiene usted una serie en español para educadores y padres lista para usar.  Estos libros de trabajo los puede utilizar para enseñar, revisar y reforzar las habilidades básicas de lenguaje.  Compuesto por material basado en currículos escolares de lectura, lenguaje y matemática, estos libros de trabajo son ideales para estudiantes que están aprendiendo  español como primer o segundo idioma.

Las actividades de esta serie se han traducido del inglés al español tratando de mantener la mayor similitud posible, intentando lograr un enfoque de "traducción directa".  Este enfoque se ha mantenido en todas las actividades principales y, en los casos en los que no se pudo hacer una traducción directa debido a las diferencias lingüísticas, se optó por la "adaptación" de las actividades.  Esta serie bilingüe ofrece hojas de trabajo que ayudarán a su niño a desarrollar una sólida comprensión de los conceptos básicos en matemática, lectura y lenguaje en español.

# Encontrando la idea principal

**Encierra en un círculo** la palabra que no pertenece
al conjunto de la lista.

| | | |
|---|---|---|
| 1. fútbol<br>hockey<br>béisbol<br>lectura<br>fútbol americano | 2. naranja<br>toronja<br>patata<br>limón<br>lima | 3. camión<br>auto<br>autobús<br>tractor<br>muñeca |
| 4. petirrojo<br>ardilla<br>cuervo<br>cardenal<br>gorrión | 5. pastel<br>galletas<br>vegetales<br>tarta<br>pudín | 6. miércoles<br>Navidad<br>Día de las Brujas<br>Pascua<br>Día de Acción de Gracias |
| 7. perro<br>gato<br>chinchilla<br>canario<br>ballena | 8. junio<br>martes<br>agosto<br>setiembre<br>abril | 9. techo<br>piso<br>ventanas<br>puertas<br>cielo |

Objetivo: Entender la idea principal.

# Encontrando la idea principal

**Lee** cada grupo de palabras y **encierra en un círculo** el grupo de palabras de cada recuadro que no pertenece al conjunto.

| | | |
|---|---|---|
| 1. pastel de cumpleaños<br><br>gorros de fiesta<br><br>regalos bonitos<br><br>niños felices<br><br>libros de la escuela | 2. hojas de colores<br><br>hielo en el césped<br><br>nieve que cae<br><br>calabazas anaranjadas<br><br>manzanas rojas | 3. jugar en la arena<br><br>hacer un muñeco de nieve<br><br>construir un castillo de arena<br><br>chapotear en el agua<br><br>buscar conchas marinas |
| 4. juegos de luces<br><br>árbol de pino<br><br>esferas de colores<br><br>huevos en la canasta<br><br>guirnaldas brillantes | 5. canto de pájaros<br><br>estruendo de truenos<br><br>soplido del viento<br><br>centelleo de relámpagos<br><br>lluvia copiosa | 6. balancearse en columpios<br><br>deslizarse por el tobogán<br><br>jugar en una caja de arena<br><br>correr por todos lados<br><br>correr a la escuela |
| 7. cepillarme los dientes<br><br>montar mi bicicleta<br><br>lavarme la cara<br><br>peinarme<br><br>vestirme | 8. pudín de vainilla<br><br>ensalada de patatas<br><br>tarta de cerezas<br><br>pastel de chocolate<br><br>galletas de avena | 9. payasos saltando<br><br>agua corriendo<br><br>leones rugiendo<br><br>caballos brincando<br><br>perros bailando |

Objetivo: Entender la idea principal.

 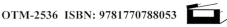

# Encontrando la idea principal

**Lee** cada una de las siguientes historias de animales cuidadosamente. Del recuadro de abajo, elige el **mejor título** para cada historia. Luego, **escribe** el título que elegiste en la línea de arriba de cada historia.

| | |
|---|---|
| Caballos con rayas | Un tronco útil |
| El rey de las bestias | Animales que parecen personas |
| Rascacielos animales | Cuidado con los cazadores |

**1.** _____

Los tigres tienen la piel de color ladrillo amarillento con rayas negras. Algunos tigres son más grandes que los leones más grandes que puedan existir. Estos animales cazan ciervos, jabalíes y monos justo antes y después del atardecer.

Los tigres sólo temen a las personas que portan armas que los cazan por su hermosa piel.

**2.** _____

Las cebras se parecen mucho a los caballos. Existen cuatro clases de cebras, siendo la más conocida la que tiene piel blanca y rayas negras en todo el cuerpo.

Las cebras viven en las praderas y montañas de África y se alimentan de pasto.

**3.** _____

Las jirafas son los mamíferos más altos que existen sobre la tierra. Sus cuerpos son de un color bronceado, con grandes manchas marrones. Las jirafas sólo habitan en África.

Las jirafas estiran sus largos cuellos para comer las hojas que se encuentran en las ramas de los árboles de gran altura. Estos animales toman las ramas con sus largas lenguas y luego las muerden con sus afilados dientes.

**4.** _____

El gorila es el simio más grande que existe y se parece mucho al hombre humano.

Los gorilas siempre viajan juntos en manada. Durante el día, los gorilas buscan comida para alimentarse. Cuando se ensucian, se limpian entre ellos y, cuando se cansan, descansan juntos. Los gorilas adultos son muy valientes y protegen a su familia ante cualiquier peligro.

# Viendo las relaciones

Subraya la palabra que no pertenece al conjunto.

| | | | | |
|---|---|---|---|---|
| 1. | saltar | brincar | nadar | rebotar |
| 2. | camino | sendero | vía | libro |
| 3. | azul | amarillo | anaranjado | roto |
| 4. | cama | tienda | litera | catre |
| 5. | piso | pared | puerta | patio |
| 6. | sapo | rana | tortuga | lechuza |
| 7. | comenzar | iniciar | empezar | parar |
| 8. | murmullo | lágrimas | silbido | canto |
| 9. | mantequilla | crema | leche | huevos |
| 10. | almuerzo | desayuno | alimentos | cena |
| 11. | cerdo | caballo | oveja | león |
| 12. | abrigo | pala | sombrero | guantes |

OTM-2536 ISBN: 9781770788053

Objetivo: Clasificar palabras.

# Viendo las relaciones

Usa las palabras que aparecen en el recuadro de la derecha para terminar las oraciones.

1. Béisbol, hockey y fútbol son
   _____ .

2. Verde, morado y rosado son
   _____ .

3. Petirrojos, urracas y cuervos son
   _____ .

4. Botas, sombreros y abrigos son
   _____ .

5. Sillas, camas y lámparas son
   _____ .

6. Perros, gatos y hámsteres son
   _____ .

7. Manzanas, peras y naranjas son
   _____ .

8. Primavera, verano y otoño son
   _____ .

9. Tulipanes, rosas y narcisos son
   _____ .

10. Seis, siete y ocho son
    _____ .

11. Abril, mayo y junio son
    _____ .

12. Martes, viernes y lunes son
    _____ .

días

frutas

ropa

muebles

mascotas

estaciones

números

deportes

flores

colores

meses

aves

Objetivo: Clasificar palabras.

OTM-2536  ISBN: 9781770788053

# Viendo las relaciones

¿Qué es lo que dice cada grupo de palabras?
¿Dicen el *dónde,* el *cuándo* o el *por qué?*
Escribe la palabra **dónde**, **cuándo** o **por qué** en las
líneas en blanco al lado de cada grupo de palabras.

1. hace dos semanas _____
2. en la casa de la bruja _____
3. debido al ruido _____
4. ayer _____
5. en las orillas del bosque _____
6. en las noches con truenos _____
7. porque estaba cansada _____
8. casi a la media noche _____
9. porque los mantuvieron despiertos _____
10. en una vieja casa amigable _____
11. porque los lobos aullaban _____
12. yendo mañana _____
13. en un helicóptero _____
14. en el castillo _____
15. cerca de la parada del autobús _____
16. el 14 de febrero _____

Objetivo: Clasificar grupos de palabras.

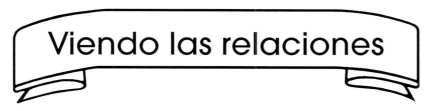

# Viendo las relaciones

Lee cada **adivinanza** cuidadosamente.
Encuentra la respuesta en la calabaza y escríbela en la línea en blanco debajo de cada adivinanza.

1.  Mi gran sombrero negro y mi escoba te dicen quién soy.

    _____

2.  Algunas personas me tienen miedo y otras no.
    A los gatos les gusta cazarme.

    _____

3.  Vivo en una casa encantada.  Soy blanco
    como una sábana.

    _____

lechuza
ratones
disfraces
fantasma
murciélagos
gato
caldero
bruja

4.  Soy la mascota de una bruja.  Viajo con ella
    en el palo de su escoba.

    _____

5.  Mis ojos son grandes y redondos.  Mi pico es fuerte y cazo por las
    noches.

    _____

6.  Los niños se visten con nosotros el Día de Brujas para asustarte.

    _____

7.  Volamos por las noches.  Durante el día dormimos de cabeza en
    casas antiguas.

    _____

8.  La bruja me usa cuando hace sus pociones mágicas.
    Soy grande y negro.

    _____

Objetivo: Deducir conclusiones.

# Deduciendo conclusiones

Lee las pistas que se te da en cada recuadro cuidadosamente. Encuentra el **nombre del lugar** que están describiendo las pistas en la pila de libros. Escribe la palabra en la línea de abajo de cada recuadro.

tienda

playa

escuela

bosque

cuidad

circo

1. arena y agua
   sol caliente
   niños en trajes de baño
   picnic como almuerzo

   _____

2. muchos libros
   lápices, crayones, pinturas
   tizas, pizarras
   muchos niños

   _____

3. frío, con muchas hojas y verde
   troncos de árboles enormes
   un conejo saltando
   pajaritos piando y cantando

   _____

4. carros, camiones y camionetas
   ruido de bocinas
   señales de pare, semáforos
   muchas personas yendo con prisa

   _____

5. tiendas y payasos
   personas y animales haciendo ruido
   emoción, aplausos
   elefantes haciendo trucos

   _____

6. abrigos, vestidos, zapatos
   gente comprando
   vendedores envolviendo cosas
   juguetes para niños

   _____

Objetivo: Usar vocabulario descriptivo para identificar un lugar.

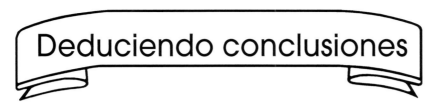

# Deduciendo conclusiones

Lee cada historia cuidadosamente. Responde la pregunta con una oración **completa**.

---

1. Los canguros jóvenes se burlaban del canguro bebé. El canguro bebé saltó hacia su madre, metiéndose rápidamente en su marsupio.

   ¿Por qué el bebé canguro se metió en el marsupio de su mamá?

   _____

   _____

---

2. Los niños estaban jugando haciendo mucho ruido. Su mamá llegó de trabajar con un terrible dolor de cabeza. Su papá les pidió que jugaran sin hacer mucho ruido.

   ¿Por qué los niños debían jugar sin hacer mucho ruido?

   _____

   _____

---

3. En la granja, Mamá Pata tenía cuatro huevos blancos y redondos en su nido. Tenía que salir y buscar algo para comer.

   ¿Por qué Mamá Pata dejaba su nido todos los días?

   _____

   _____

---

4. El sapito estaba perdido. Había dejado su estanque para ir en busca de moscas. No podía encontrar el camino de regreso y empezó a llorar.

   ¿Por qué el sapito empezó a llorar?

   _____

   _____

---

Objetivo: Decir por qué pasa una acción.

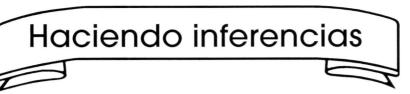

# Haciendo inferencias

En la lista de abajo, se describe algunas **acciones**.
Algunas de estas acciones hacen sonidos **fuertes**, mientras
que otras hacen sonidos **suaves**.

Si crees que la acción hace un sonido suave, escribe la letra **S** en la
línea de al lado. Si piensas que hace un sonido fuerte, escribe la letra **F**.

1. niños gritando _____
2. nieve cayendo _____
3. una sirena de ambulancia sonando _____
4. una araña tejiendo su telaraña _____
5. un gato ronroneando _____
6. un avión despegando _____
7. un reloj haciendo tictac _____
8. perros aullando _____
9. una tortuga caminando _____
10. un tren haciendo sonar el silbato _____
11. niños susurrando _____
12. un perro olfateando su comida _____
13. un pez nadando _____
14. un auto arrancando _____

15. un viento fuerte soplando en una noche tormentosa _____
16. un arpa tocando una dulce melodía _____
17. un ratón comiendo queso _____
18. una podadora cortando el césped _____
19. una hoja cayendo de un árbol _____
20. un petirrojo piando a sus bebés _____
21. un gigante comiendo su almuerzo_____
22. una multitud alentando a su equipo favorito _____
23. un auto tocando la bocina _____
24. una alarma contra incendios sonando _____
25. el viento soplando _____

Objetivo: Clasificar de sonidos.

# Haciendo inferencias

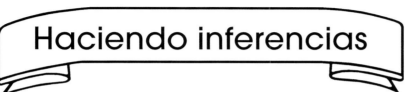

**Lee** cada oración de abajo cuidadosamente.
Luego, elige **una** de las palabras que están en el recuadro de abajo que te diga cómo te sentirías en cada situación descrita. **Escribe** la palabra que elegiste en la línea en blanco.

| emocionado | orgulloso | contento | molesto | decepcionado |
| --- | --- | --- | --- | --- |
| feliz | apenado | suertudo | avergonzado | preocupado |
| enojado | triste | asustado | curioso | abochornado |

¿Cómo te sentirías si:

1. tu equipo ganara el último juego de la temporada? _____
2. te enteraras que tienes que mudarte a otra habitación? _____
3. tu mejor amigo se mudara a un lugar lejano? _____
4. estuvieras jugando a la pelota y rompieras una ventana? _____
5. estuvieras jugándole una broma de mal gusto a un amigo e hirieras sus sentimientos? _____
6. lloviera el día que habías planeado ir al zoológico? _____
7. te enteraras que tu familia se está mudando a una casa nueva? _____
8. hubieras dicho una mentira y tus padres te descubrieran? _____
9. tus padres te castigaran no dejándote ir al cine con tus amigos? _____
10. estuvieras caminando en el bosque y saliera un oso de detrás de un árbol? _____
11. tu mamá te gritara por algo que no hiciste? _____
12. obtuvieras la máxima calificación en tu dictado? _____
13. te descubrieran sacando galletas de la caja de galletas? _____
14. miraras dentro del cajón de la mesa de la cocina? _____

Objetivo: Clasificar emociones.

# Haciendo inferencias

Lee cada párrafo cuidadosamente.

Escribe una **X** en el recuadro que está al costado de la palabra que te dice cómo se siente la persona.

---

**1.** Inés estaba segura de que ganaría un premio en la competencia del sábado. Cuando llegó el día, Inés se despertó y se dio cuenta que estaba cubierta de puntos rojos. Le había dado varicela y no podía ir a la carrera.

Inés se siente ☐ desilusionada ☐ emocionada ☐ apenada

---

**2.** Martín recibió un perrito como regalo de cumpleaños. Poco a poco, Martín le enseñó al perrito a hacer varios trucos. "Miren lo que mi perrito puede hacer", decía Martín.

Martín se siente ☐ orgulloso ☐ feliz ☐ nervioso

---

**3.** Los niños del salón de clases de la Sra. Solski habían estado muy ocupados haciendo disfraces y pintando figuras de fondo para la obra. Les encantaba participar en la obra teatral.

Los niños se sentían ☐ solos ☐ felices ☐ curiosos

---

**4.** Andrea y Jorge estaban solos en casa. De pronto, escucharon un ruido fuerte en la parte trasera de la casa. Luego escucharon el sonido de pisadas cerca de la ventana. "¿Crees que es el viento el que está haciendo ese ruido?", preguntó Jorge.

Los niños se sienten ☐ divertidos ☐ asustados ☐ nerviosos

---

**5.** La mamá de Arturo le prometió regalarle una bicicleta por su cumpleaños. Un día antes de su cumpleaños, su mamá le dijo que no tenía suficiente dinero para comprarle la bicicleta.

Arturo se siente ☐ nervioso ☐ desilusionado ☐ orgulloso

---

Objetivo: Hacer inferencias sobre emociones.

# Usando el contexto

**Termina** las oraciones usando las palabras del saco.

1. Hoy está tan frío como si fuera _____.

2. Cuando cerramos la puerta, estaba tan oscuro como una _____.

3. El gatito era tan gordo y estaba tan redondo que parecía una _____.

4. "Mi camisa es tan verde como el _____," dijo el niño.

5. Esa niña es tan hermosa como una _____.

6. Los niños pensaron que el hombre era tan grande como un _____.

7. Mi perrito come tanto que pronto estará tan gordo como un _____.

8. La abuela de Anita tiene el pelo tan blanco como la _____.

9. El vestido nuevo de María es tan azul como el _____.

10. Conoces el juego que dice "Tan Alto como una Casa, tan _____ como un Ratón"?

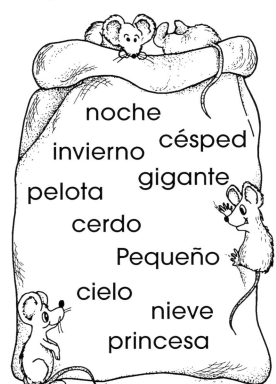

noche
invierno   césped
pelota   gigante
cerdo
Pequeño
cielo
nieve
princesa

Objetivo: Usar correctamente las palabras dentro de las oraciones.

# Usando el contexto

Usa las palabras que están en la cabeza del monstruo para **completar** las oraciones.

1.  Los niños querían gastar todo su _____.

2.  El gigante le gritó _____ a su esposa.

3.  La vieja bruja estaba _____ de miedo.

4.  Estaban _____ tarde a la fiesta.

5.  El avión estaba _____ el aeropuerto.

6.  Debo aprender a hablar _____ cuando el bebé está durmiendo.

7.  Mi hermano _____ comienza la escuela en setiembre.

8.  Hay diez _____ que viven en nuestra calle.

9.  El perro _____ el periódico para su dueño en el hocico.

10. El _____ del faro solía vivir allí.

11. _____ bien en la clase.

12. ¿_____ ganar el premio en el Concurso de Dictado?

furioso
llegando
temblando
despacio
sobrevolando
familias     menor
operador
llevaba
Esperas     Atiende
dinero

# Usando el contexto

**Completa** la historia informativa respecto a los mapaches con las palabras que están en el mitón.

Los mapaches son animales silvestres que se _____ en América del Norte.  Viven cerca de _____ y _____, aunque muchos viven también en la _____.

El mapache tiene casi el mismo _____ que un perro pequeño.  Los _____ negros que rodean sus ojos parecen una _____. Tienen la nariz y las orejas puntiagudas.  Su cola es _____, con anillos de color negro y _____.

El mapache puede usar sus _____ como si fueran _____. Algunas veces, este animalito toma un _____ de comida en sus patas y lo enjuaga en el _____, haciendo que la comida sea más _____ de comer.

Palabras del mitón: ríos, lagos, anillos, nadadores, agua, llorar, máscara, tamaño, gruñir, patas, persona, copiosa, amarillo, fácil, noche, pedazo, manos, durmiendo, ciudad, encuentran

Los mapaches buscan comida durante la _____ y pasan una buena parte del día _____. Son excelentes peleadores, _____ y trepadores.  Los mapaches pueden _____, ladrar y _____. Algunas veces su llanto parece el de una _____.

Objetivo: Completar párrafos con las palabras correctas.

# Anotando detalles

Sigue las instrucciones de cada recuadro.

1. La mayoría de las ardillas terrestres duermen durante el invierno en unas guaridas construidas bajo la tierra.

   **Subraya** la palabra que dice quiénes duermen en una guarida subterránea.

   **Encierra en un círculo** la palabra que dice cuándo duermen las ardillas terrestres.

2. Las libélulas nacen en un estanque. Cuando salen del huevo, se quedan en el agua. No tienen alas.

   **Subraya** las palabras que dicen dónde nacen las libélulas.

   **Encierra en un círculo** las palabras que dicen por qué se quedan en el agua.

3. El tesoro que Marco encontró cerca de la vieja mina de oro fue enterrado hace mucho tiempo por los mineros.

   **Subraya** la palabra que dice quién enterró el tesoro.

   **Encierra en un círculo** las palabras que dicen dónde se enterró el tesoro.

4. La araña de agua teje su telaraña en forma de una campana en el fondo de un estanque o corriente.

   **Subraya** la palabra que dice qué teje la araña de agua.

   **Encierra en un círculo** la palabra que dice dónde teje la araña de agua su telaraña en forma de campana.

5. Las tortugas terrestres tienen patas cortas. Se desplazan lenta y pesadamente en la tierra.

   **Subraya** las palabras que dicen quién tiene patas cortas.

   **Encierra en un círculo** las palabras que dicen cómo se mueve la tortuga en la tierra.

6. El profesor les pidió a Ana y Pedro que midan la distancia alrededor del salón de clases.

   **Subraya** las palabras que dicen quiénes van a medir.

   **Encierra en un círculo** las palabras que dicen dónde van a medir.

Objetivo: Ubicar detalles que se encuentran en las oraciones.

# Anotando detalles

**Lee** cuidadosamente cada una de las siguientes oraciones. Escribe **Sí** en la línea si la oración es verdadera y **No** si la oración es falsa.

## Sí o No

1. En la primavera las hojas de los árboles son de color rojo, naranja y amarillo. _____

2. El cielo siempre es de color azul. _____

3. Las lechuzas pueden ver en la oscuridad. _____

4. El signo de "pare" es de color rojo y negro. _____

5. Las luces del semáforo son de color rojo, amarillo y morado. _____

6. Siempre podemos ver la luna todas las noches. _____

7. Un auto puede ir más rápido que una bicicleta. _____

8. Cada uno de los deseos que pido siempre se convierten en realidad. _____

9. Nadie ha estado en el espacio exterior. _____

10. Cuando manejamos bicicleta, siempre tenemos que usar casco. _____

11. Los castores y los mapaches son animales domésticos. _____

12. Las naranjas y las toronjas son del mismo color. ____

13. Las zanahorias, los frijoles y las arvejas son tipos de frutas. _____

14. Los narcisos y los tulipanes son flores de primavera. _____

Objetivo: Anotar detalles de temas conocidos.

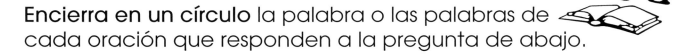

# Anotando detalles

**Encierra en un círculo** la palabra o las palabras de cada oración que responden a la pregunta de abajo.

1. A los patos bebés se les dice patitos.

   ¿Cómo se les dice a los patos bebés?

2. Los gansos hacen sus casas en la tierra cerca del agua.

   ¿Dónde hacen sus nidos los gansos?

3. Las telas de araña pueden verse mejor en las mañanas húmedas y de rocío.

   ¿Cuál es el mejor momento para ver las telas de araña?

4. Los mapaches suelen robar los huevos de las gallinas de las granjas.

   ¿Por qué a los granjeros no les gustan los mapaches?

5. El tigre es uno de los animales más peligrosos del mundo.

   ¿Por qué se le tiene miedo al tigre?

6. Los elefantes habitan en las selvas de India y África.

   ¿Dónde viven los elefantes?

7. Las jirafas pueden galopar hasta cincuenta y cinco kilómetros por hora.

   ¿Cuán rápido puede galopar una jirafa?

8. Las serpientes tienen sangre fría e hibernan en tierra suave durante el invierno.

   ¿Qué hacen las serpientes durante el invierno?

9. El zorrillo es un animal pequeño de color blanco y negro del tamaño de un gato doméstico.

   ¿De qué tamaño es el zorrillo?

10. Cuando el zorrillo está en peligro, endurece sus piernas, coloca sus patas firmemente en el suelo, levanta su cola y esparce un líquido de muy mal olor.

    ¿Qué hace el zorrillo para advertir a sus enemigos que se mantengan alejados?

Objetivo: Ubicar detalles que responden preguntas.

# Observando la secuencia

¿Qué tan bien recuerdas el cuento "**Juanito y las Judías Mágicas**"?
**Enumera** las oraciones en el orden **correcto** para contar la historia.

_____ La madre de Juanito tiró las judías por la ventana.

_____ Juanito cortó el tallo de la enorme planta con un hacha.

_____ Juanito y su madre decidieron vender la vaca.

_____ En el siguiente viaje que hizo al castillo, se llevó la gallina mágica a su casa.

_____ Juanito llevó la vaca al mercado.

_____ Juanito trepó por la enorme planta y tomó una bolsa de monedas de oro del gigante.

_____ El gigante se despertó con los gritos de auxilio del arpa.

_____ Vendió la vaca por una bolsa de judías mágicas.

_____ Juanito se sorprendió al ver que una enorme planta había crecido durante la noche.

Objetivo: Hacer secuencia de oraciones en el orden correcto para narrar un cuento.

OTM-2536  ISBN: 9781770788053

# Observando la secuencia

**Lee** las palabras del recuadro de abajo.
**Escríbelas** en el conjunto que pertenecen.
**Escríbelas** en el **orden** correcto.

| | | |
|---|---|---|
| primavera | martes | anochecer |
| mediodía | mañana | noche |
| domingo | invierno | jueves |
| amanecer | viernes | mañana |
| miércoles | verano | tarde |
| lunes | otoño | sábado |

1.

Momento del día

1. _____
2. _____
3. _____
4. _____
5. _____
6. _____

2.

Días de la semana

1. _____
2. _____
3. _____
4. _____
5. _____
6. _____
7. _____

3.

Las estaciones

1. _____
2. _____
3. _____
4. _____

Objetivo: Elaborar métodos para decir el tiempo en un determinado orden.

# Observando la secuencia

**Lee** cuidadosamente cada par de oraciones. Luego decide cuál oración debe ir al principio colocando la palabra **Primero** y cuál oración va después colocando la palabra **Luego**.

## Primero — Luego

1. _____, anda a jugar.
_____, ponte un abrigo.

2. _____, dibuja una ardilla.
_____, coloréala de marrón.

3. _____, busca un animal.
_____, anda al bosque.

4. _____, recolecta los huevos.
_____, anda al granero donde está la gallina.

5. _____, toma tu desayuno.
_____, lávate los dientes.

6. _____, ponte tus zapatillas.
_____, ponte tus medias amarillas.

7. _____, mira a todos lados.
_____, cruza la calle.

8. _____, construyó uno.
_____, la Sra. Petirrojo encontró un buen lugar para colocar un nido.

9. _____, enterró su hueso.
_____, el perro hizo un hoyo.

10. _____, la lechuza vio al ratón.
_____, voló hacia él y lo tomo entre sus garras.

11. _____, el granjero aró el campo.
_____, plantó las semillas de trigo.

12. _____, las sacó de la tierra.
_____, plantó las semillas de trigo.

13. _____, la Sra. Petirrojo le enseñó a sus pequeños cómo volar.
_____, les enseñó cómo buscar comida.

14. _____, sonó un ruido estruendoso.
_____, vimos los relámpagos.

Objetivo: Hacer secuencias de eventos en el orden correcto.

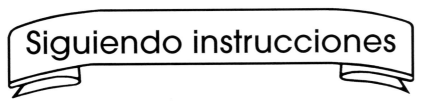

# Siguiendo instrucciones

**Lee** las oraciones de cada recuadro.
**Dibuja** y **colorea** las figuras que se están describiendo.

| | |
|---|---|
| 1. Es bueno comerla. Es roja y crece en un árbol. ¿Qué es? | 4. Pueden subirte en mí. Puedo viajar en el agua. Es divertido pescar desde mí. ¿Quién soy? |
| 2. Soy un animal. Mi pelaje es largo. Vivo en una casa y tomo leche. ¿Quién soy? | 5. Es de color blanco. Queda muy, muy lejos. No puedes verla muy bien durante el día. ¿Qué es? |
| 3. Es un lugar para niños. Algunas veces tiene muchos salones. Los niños leen y escriben allí. ¿Qué es? | 6. Está hecho de crema. Te enfría y te refresca en un día caluroso de verano. Viene en muchos sabores. ¿Qué es? |

Objetivo: Dibujar una figura para responder la adivinanza.

OTM-2536 ISBN: 9781770788053

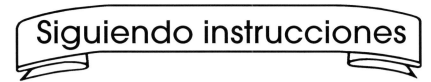

# Siguiendo instrucciones

**Lee** cuidadosamente las instrucciones y haz lo que se te pide.

1. **Lee** la palabra que está en cada mariposa.
2. Colorea la mariposa de color **amarillo** si la palabra es algo que puedes oír.
3. Colorea la mariposa de color **verde** si la palabra es algo que puedes saborear.
4. Colorea la mariposa de color **rojo** si la palabra es algo que puedes ver.

salado

explosión

ácido

tambor

graznido

árbol

dulce

pájaro

amargo

picante

pato

ruido

estallido

repique

bocina

caliente

Objetivo: Colorear figuras según las instrucciones.

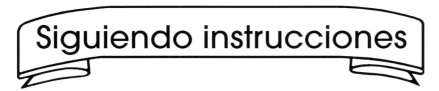

# Siguiendo instrucciones

**Lee** cuidadosamente cada oración y sigue las instrucciones.

1. Si los terneros toman leche de las vacas, escribe la palabra "leche" en el recuadro de la derecha.

2. Si la trompa de los elefantes puede rociar agua, dibuja una trompa de elefante en el recuadro.

3. Si las cebras no tienen rayas, colorea el círculo de color negro.

4. Si el león macho tiene una melena alrededor de su cuello, escribe la palabra melena en el recuadro.

5. Si la ardilla tiene una contextura delgada, pinta el recuadro de color azul.

6. Si los castores talan árboles, dibuja un árbol en el círculo.

7. Si a los gatos les gusta roer huesos, dibuja un hueso en el recuadro.

8. Si los mapaches parecen ladrones, dibuja una máscara en el recuadro.

9. Si los narcisos son de color rosado y morado, dibuja un narciso en el círculo.

Objetivo: Seguir instrucciones escritas.

OTM-2536  ISBN: 9781770788053

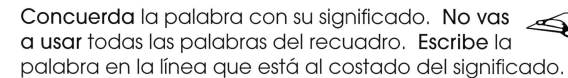

# Entendiendo el vocabulario

**Concuerda** la palabra con su significado. **No vas a usar** todas las palabras del recuadro. **Escribe** la palabra en la línea que está al costado del significado.

1. mover los párpados _____
2. toda habitación tiene uno _____
3. la hembra del caballo _____
4. el caminar del caballo _____
5. donde se guarda dinero _____
6. nadar en el fondo del agua rápidamente _____
7. un lugar para colocar los platos _____
8. el nombre de un oso bebé _____
9. se usa para coser ropa _____
10. un presente o regalo _____
11. una moneda marrón _____
12. alcanzar un lugar _____
13. parte de un libro _____
14. guardar dinero _____
15. tirar una pelota _____

| | | | | |
|---|---|---|---|---|
| llegar | imaginar | parpadear | rescatar | techo |
| yegua | aparador | cocina | bucear | niño |
| grande | centavo | lanzar | trotar | hilo |
| billetera | osezno | premio | ahorrar | capítulo |

Objetivo: Comprender las palabras y sus significados.

# Entendiendo el vocabulario

**Concuerda** la palabra con su significado.
Usa las palabras del castillo para **completar** el crucigrama.

1.
2.
3.
4.
5.
6.
7.
8.
9.
10.
11.
12.
13.
14.

cielo   mesa   viajar
poner   apurado   mirar
mamá   mentir   reina
gato   salir   fútbol
pato   temor   premio

1. mi madre
2. pájaro de pico redondo
3. allí ponemos los platos para cenar
4. le gusta cazar ratones
5. miedo
6. dejar un lugar
7. colocar
8. esposa del rey
9. ver
10. una recompensa
11. visitar lugares
12. no decir la verdad
13. deporte en el que se patea una pelota
14. ir con prisa

Objetivo: Concordar las palabras con su significado.

# Entendiendo el vocabulario

Los **antónimos** son palabras que tienen significados opuestos. Al lado de cada palabra, **escribe** la palabra que tiene el significado **opuesto**.

| A) pequeño vendido lento |
| feliz torcido mujer |

1. grande _____
2. hombre _____
3. rápido _____
4. recto _____
5. comprado _____
6. triste _____

B) bajo  nadie  padre
fuerte  despierto  niño

1. dormido _____
2. alto _____
3. todos _____
4. débil _____
5. niña _____
6. madre _____

C) poco  pobre  frío
cerrado  nada  lentamente

1. rico _____
2. abierto _____
3. mucho _____
4. rápidamente _____
5. caliente _____
6. todo _____

D) tarde  dar  viejo
respuesta  arriba  vender

1. abajo _____
2. pregunta _____
3. joven _____
4. recibir _____
5. comprar _____
6. mañana _____

Objetivo: Concordar palabras con significados opuestos.

_Leer para Entender_

# Entendiendo el vocabulario

Los **homónimos** son palabras que se pronuncian de
la misma manera pero que tienen significados diferentes.

**Lee** cada oración.  Luego, **escribe** el homónimo correspondiente en cada
espacio en blanco para completar las oraciones.

1. La temporada de _____ (**casa, caza**) comienza en setiembre; en ese
   mes, mi papá sale de _____ (**casa, caza**) temprano y trae conejos y
   patos.

2. La _____ (**sabia, savia**) es un líquido que tienen todas las plantas.
   Me lo dijo mi tía, que es una mujer muy _____ (**sabia, savia**).

3. Juanito es un bebé muy _____ (**bello, vello**).  Cuando nació tenía
   mucho _____ (**bello, vello**) en los brazos y la espalda.

4. Mi profesora me dice que cuando me enojo, tengo que contar hasta
   veinte o treinta antes de hablar.  Pero cuando me _____
   (**ciento, siento**) muy enojado, ¡tengo que contar hasta _____
   (**ciento, siento**) cincuenta!

5. Cuando llegamos de la escuela, encontramos nuestra casa llena de
   agua.  El _____ (**tubo, tuvo**) de agua se había roto, y mi papá
   _____ (**tubo, tuvo**) que llamar al fontanero.

6. Una pregunta de mi examen de matemática decía "_____
   (**halla, haya**) el resultado de la suma".  ¡Ojalá que no me _____
   (**halla, haya**) equivocado!

7. ¡Eres todo un _____ (**as, has, haz**) en matemática!  Mira qué
   excelente calificación obtuviste.  Se nota que _____
   (**as, has, haz**) estudiado mucho. _____ (**as, has, haz**) lo
   mismo con tus otras materias.

8. ¿Cuándo _____ (**bienes, vienes**), Luis?  Cuando haya vendido todos
   mis _____ (**bienes, vienes**).

Objetivo: Identificar los homónimos en una oración.

# Respuestas

## Página 35: Idea Principal
Palabras que se encierran en un círculo.

1. lectura
2. patata
3. muñeca
4. ardilla
5. vegetales
6. miércoles
7. ballena
8. martes
9. cielo

## Página 36: Idea Principal
Grupo de palabras que se encierran en un círculo.

1. libros de la escuela
2. nieve que cae
3. hacer un muñeco de nieve
4. huevos en la canasta
5. canto de pájaros
6. correr a la escuela
7. montar mi bicicleta
8. ensalada de patatas
9. agua corriendo

## Página 37: Idea Principal
1. Cuidado con los cazadores
2. Caballos con rayas
3. Rascacielos animales
4. Animales que parecen personas

## Página 38: Viendo las Relaciones
1. nadar
2. libro
3. roto
4. tienda
5. patio
6. lechuza
7. parar
8. lágrimas
9. huevos
10. alimentos
11. león
12. pala

## Página 39: Viendo las Relaciones
1. deportes
2. colores
3. aves
4. ropa
5. muebles
6. mascotas
7. frutas
8. estaciones
9. flores
10. números
11. meses
12. días

## Página 40: Viendo las Relaciones
1. cuándo
2. dónde
3. por qué
4. cuándo
5. dónde
6. cuándo
7. por qué
8. cuándo
9. por qué
10. dónde
11. por qué
12. cuándo
13. dónde
14. dónde
15. dónde
16. cuándo

## Página 41: Viendo las Relaciones
1. bruja
2. ratones
3. fantasma
4. gato
5. lechuza
6. disfraces
7. murciélagos
8. caldero

## Página 42: Deduciendo Conclusiones
1. playa
2. escuela
3. bosque
4. ciudad
5. circo
6. tienda

## Página 43: Deduciendo Conclusiones
1. Los canguros jóvenes se burlaban del canguro bebé.
2. Su mamá tenía un terrible dolor de cabeza.
3. Mamá Pata tenía que buscar algo para comer.
4. El sapito estaba perdido.

## Página 44: Haciendo Inferencias
1. fuerte
2. suave
3. fuerte
4. suave
5. suave
6. fuerte
7. suave
8. fuerte
9. suave
10. fuerte
11. suave
12. suave
13. suave
14. fuerte
15. fuerte
16. suave
17. suave
18. fuerte
19. suave
20. suave
21. fuerte
22. fuerte
23. fuerte
24. fuerte
25. fuerte

## Página 45: Haciendo Inferencias
1. emocionado
2. enojado, molesto
3. triste
4. abochornado, asustado, apenado
5. avergonzado
6. decepcionado
7. emocionado, curioso, triste
8. avergonzado
9. enojado, molesto
10. asustado
11. enojado, molesto
12. orgulloso, emocionado
13. abochornado
14. curioso

## Página 46: Haciendo Inferencias
1. desilusionada
2. orgulloso
3. felices
4. nerviosos
5. desilusionado

## Página 47: Usando el Contexto
1. invierno
2. noche
3. pelota
4. césped
5. princesa
6. gigante
7. cerdo
8. nieve
9. cielo
10. Pequeño

## Página 48: Usando el Contexto
1. dinero
2. furioso
3. temblando
4. llegando
5. sobrevolando
6. despacio
7. menor
8. familias
9. llevaba
10. operador
11. Atiende
12. Esperas

## Página 49: Usando el Contexto
Sigue este orden para llenar los espacios en blanco.

*Párrafo Uno:*
encuentran, lagos, ríos, ciudad

*Párrafo Dos:*
tamaño, anillos, máscara, copiosa, amarillo

*Párrafo Tres:*
patas, manos, pedazo, agua, fácil

*Párrafo Cuatro:*
noche, durmiendo, nadadores, gruñir, llorar, persona

## Página 50:  Anotando Detalles

1. *Subrayar* – ardillas terrestres
   *Encerrar en un círculo* – durante el invierno
2. *Subrayar* – en un estanque
   *Encerrar en un círculo* – No tienen alas.
3. *Subrayar* – Owen
   *Encerrar en un círculo* – cerca de la vieja mina
4. *Subrayar* – su telaraña
   *Encerrar en un círculo* – en el fondo de un estanque o corriente
5. *Subrayar* – las tortugas terrestres
   *Encerrar en un círculo* – lenta y pesadamente
6. *Subrayar* – Ana y Pedro
   *Encerrar en un círculo* – la distancia alrededor del salón de clases

## Página 51:  Anotando Detalles

1. No
2. No
3. Sí
4. No
5. No
6. No
7. Sí
8. No
9. No
10. Sí
11. No
12. No
13. No
14. Sí

## Página 52:  Anotando Detalles

*Las palabra que se encierran en un círculo son:*

1. patitos
2. en la tierra cerca del agua
3. en las mañanas húmedas y de rocío
4. robar los huevos de las gallinas de las granjas
5. es uno de los animales más peligrosos
6. en las selvas de India y África
7. cincuenta y cinco kilómetros por hora
8. hibernan en tierra suave
9. del tamaño de un gato doméstico
10. endurece sus piernas, coloca sus patas firmemente en el suelo, levanta su cola y esparce un líquido de muy mal olor

## Página 53:  Observando la Secuencia

4, 9, 1, 7, 2, 6, 8, 3, 5

## Página 54:  Observando la Secuencia

1. amanecer, mañana, mediodía, tarde, anochecer, noche
2. domingo, lunes, martes, miércoles, jueves, viernes, sábado
3. primavera, verano, otoño, invierno

## Página 55:  Observando la Secuencia

1. Luego, Primero
2. Primero, Luego
3. Luego, Primero
4. Luego, Primero
5. Primero, Luego
6. Luego, Primero
7. Primero, Luego
8. Luego, Primero
9. Luego, Primero
10. Primero, Luego
11. Primero, Luego
12. Luego, Primero
13. Primero, Luego
14. Luego, Primero

## Página 56:  Siguiendo Instrucciones

1. manzana
2. gato
3. escuela
4. bote
5. estrella
6. helado

## Página 57:  Siguiendo Instrucciones

*Mariposas amarillas:*
explosión, graznido, ruido, bocina, repique, estallido

*Mariposas verdes:*
salado, ácido, dulce, amargo, picante

*Mariposas rojas:*
tambor, árbol, pájaro, pato

## Página 58:  Siguiendo Instrucciones

1. La palabra "leche" en el recuadro
2. Se dibuja una trompa en el recuadro
3. El círculo queda en blanco.
4. No se dibuja nada en el recuadro
5. La caja queda en blanco.
6. Se dibuja un árbol en el círculo.
7. No se dibuja nada en el recuadro
8. Se dibuja una máscara en el recuadro.
9. No se dibuja nada en el círculo.

## Página 59:  Entendiendo el Vocabulario

1. parpadear
2. techo
3. yegua
4. trotar
5. billetera
6. bucear
7. aparador
8. osezno
9. hilo
10. premio
11. centavo
12. llegar
13. capítulo
14. ahorrar
15. lanzar

## Página 60:  Entendiendo el Vocabulario

1. mamá
2. pato
3. mesa
4. gato
5. temor
6. salir
7. poner
8. reina
9. mirar
10. premio
11. viajar
12. mentir
13. fútbol
14. apurado

## Página 61:  Entendiendo el Vocabulario

A)
1. pequeño
2. mujer
3. lento
4. torcido
5. vendido
6. feliz

B)
1. despierto
2. bajo
3. nadie
4. fuerte
5. niño
6. padre

C)
1. pobre
2. cerrado
3. poco
4. lentamente
5. frío
6. nada

D)
1. arriba
2. respuesta
3. viejo
4. dar
5. vender
6. tarde

## Página 62:  Entendiendo el Vocabulario

1. caza, casa
2. savia, sabia
3. bello, vello
4. siento, ciento
5. tubo, tuvo
6. halla, haya
7. as, has, haz
8. vienes, bienes

# Uso de las Mayúsculas y Reglas de Puntuación

*Uso de las Mayúsculas y Reglas de Puntuación* es un recurso efectivo para enseñar o revisar el uso de letras mayúsculas y los signos de puntuación al momento de escribir. Las actividades de uso de las mayúsculas refuerzan el reconocimiento del por qué, dónde y cuándo se debe usar letras mayúsculas. Las actividades de puntuación ayudan a desarrollar la habilidad de dónde y cuándo usar los signos de puntuación, como el punto, los signos de interrogación, los signos de admiración, la coma y las comillas.

## Cuadernos de trabajo en español

### Fundamentos de lenguaje para:

• ESI (Español como Segundo Idioma)

¡Felicitaciones por la compra de esta valiosísima fuente de aprendizaje! Aquí tiene usted una serie en español para educadores y padres lista para usar. Estos libros de trabajo los puede utilizar para enseñar, revisar y reforzar las habilidades básicas de lenguaje. Compuesto por material basado en currículos escolares de lectura, lenguaje y matemática, estos libros de trabajo son ideales para estudiantes que están aprendiendo español como primer o segundo idioma.

Las actividades de esta serie se han traducido del inglés al español tratando de mantener la mayor similitud posible, intentando lograr un enfoque de "traducción directa". Este enfoque se ha mantenido en todas las actividades principales y, en los casos en los que no se pudo hacer una traducción directa debido a las diferencias lingüísticas, se optó por la "adaptación" de las actividades. Esta serie ofrece hojas de trabajo que ayudarán a su niño a desarrollar una sólida comprensión de los conceptos básicos en matemática, lectura y lenguaje en español.

# Uso de las mayúsculas para padres y maestros

Se escribe con letra inicial mayúscula:

1. Los nombres de las personas y los nombres propios de las mascotas; los títulos o tratamientos y las iniciales de los nombres de las personas.

   Ejemplos:
   | | |
   |---|---|
   | Sr. Jorge P. Moreno | R.M. Solski |
   | Fido, el Perro Maravilla | Rey Enrique VIII |

2. Ciertos nombres colectivos, los atributos divinos y los sobrenombres célebres, cuando por referencia equivalen al nombre propio de la persona a la que se hace mención.

   Ejemplos:
   El Clero y la Nobleza se opusieron.
   Alejandro Magno conquistó muchas tierras europeas.

3. Los nombres de países, provincias, estados, ciudades, pueblos, montañas, ríos, lagos, océanos y lugares importantes.

   Ejemplos:
   Mi tía vive en la ciudad de Nueva York.
   El verano pasado, visitamos las Montañas Rocosas de la costa oeste.
   El Océano Atlántico y el Océano Pacífico tienen agua salada.

4. Los nombres de calles, avenidas, carreteras y edificios.

   Ejemplos:
   Mi escuela se encuentra en la Carretera Angamos.
   El juego de béisbol se jugará en la Escuela Pública de San Francisco.
   Mi dirección es Calle Encalada 73, Ontario, California.
   Me encontraré contigo en el Centro Cívico a las cuatro en punto.

5. La primera palabra de cada oración o escrito, y la que vaya después de un punto.

   Ejemplos:
   Debemos tener mucho cuidado al momento de escribir oraciones. Toda oración comienza con letra mayúscula.

66

6. La primera letra de la citación de las palabras de alguien, cuando van entre comillas y cuando van después de los dos puntos.

Ejemplos:

> Benito replicó: "Pero si no lo hice a propósito". Su mamá respondió: "Bueno, tienes que ser más cuidadoso".

7. La primera palabra después de los dos puntos que en las cartas siguen a: "Queridos padres, Muy Sr. mío, etc., y que en las certificaciones o decretos siguen a "certifico", "declaro", "ordeno", etc.

Ejemplos:

> Queridos papá y mamá: Gracias por llamarme ayer.
> El Consejo de la Sala de Diputados declara: Que se divulgue la ley aprobada.

8. Los sustantivos, adjetivos y verbos que entran en el título de un libro, siempre y cuando no sea muy largo.

Ejemplos:

> Acabo de terminar de leer el libro "El Señor de los Anillos".
> Mis poemas favoritos son "Rimas y Leyendas".

9. Las palabras que expresan poder público, dignidad o cargo importante.

Ejemplos:

> El Estado presta apoyo a quien lo necesita.
> La Dirección dio instrucciones de revisar todos los cuadernos.
> El Tribunal declaró terminada la disputa.

10. Los sustantivos y adjetivos que formen parte del nombre de una institución, nombres de productos o nombres propios de periódicos.

Ejemplos:

| | | |
|---|---|---|
| Chevrolet | Pepsi | *El Mexicano* |
| Ford | Maytag | *Naciones Unidas* |
| Coca-Cola | Ferrari | |

# Uso de las mayúsculas

**Recuerda** que se usa letra mayúscula en la primera letra de los **nombres de las personas**, los **nombres propios de las mascotas**, los **títulos o tratamientos** y las **iniciales de los nombres de las personas**.

Ejemplos: | Cristóbal Colón, Clifford, Rey Enrique VII, Dr. T. S. Gómez

En las líneas en blanco, copia cada oración con las letras mayúsculas correspondientes.

1. enrique y ana viven en una antigua casa de ladrillos.

   _____
   _____

2. elena está leyendo una fábula que se llama "la zorra y las uvas".

   _____
   _____

3. eduardo e isabel fueron a ver al dr. j. p. pérez para su revisión anual.

   _____
   _____

4. la reina isabel II vive en el palacio de buckingham.

   _____
   _____

5. tengo un perro que se llama félix y un gato que se llama simón.

   _____
   _____

6. el sr. y la sra. martínez van al parque todos los días con su nieta inés.

   _____
   _____

Objetivo: Usar letras mayúsculas en nombres e iniciales.

# Uso de las mayúsculas

**Recuerda** que se usa letras mayúsculas en **ciertos nombres colectivos**, en los **atributos divinos** y en los **sobrenombres célebres**, cuando por referencia equivalen al nombre propio de la persona a la que se hace mención.

Ejemplo:

> Los Reyes Católicos ayudaron a Cristóbal Colón en sus viajes de exploración.

En las líneas en blanco, copia cada oración con las letras mayúsculas correspondientes.

1. su majestad la Reina Isabel visitó la ciudad el mes pasado.
   _____

2. Todos los domingos vamos a misa para darle gracias al creador.
   _____

3. Ricardo corazón de león murió en defensa de su hermano Juan.
   _____

4. Miguel de Cervantes Saavedra, también conocido como el manco de lepanto, fue el autor de la gran obra "Don Quijote de la Mancha".

5. En Semana Santa conmemoramos el padecimiento de nuestro redentor.

6. pipino el breve es el fundador de la Dinastía Carolingia.
   _____

7. Don Quijote es también conocido como el caballero andante.
   _____

8. El Papa Juan Pablo II fue dulcemente llamado el papa viajero.
   _____

9. Margaret Thatcher, la dama de hierro, fue Primera Ministra de Inglaterra.

10. El siglo de las luces fue la centuria que vio muchos progresos en la historia.

Objetivo: Usar letras mayúsculas en nombres colectivos, atributos divinos y sobrenombres célebres.

# Uso de las mayúsculas

Recuerda que se usa letra mayúscula en los nombres de **países**, **provincias**, **estados**, **ciudades**, **pueblos**, **montañas**, **ríos**, **lagos**, **océanos** y **lugares importantes**.

Ejemplos:

> Australia, Canadá, Florida, Chicago, Monte Everest, Río Mississippi, Torre Eiffel, Mundo Disney, Lago Michigan

En las oraciones de abajo, encierra en un círculo las palabras que deben empezar con mayúscula.

1. maría y pedro viven en el líbano, nueva hampshire.

2. nuestra clase fue al centro histórico de la ciudad de méxico.

3. ¿alguna vez has estado en la cima de la torre eiffel?

4. lucy maud montgomery nació y creció en un pueblito llamado cavendish, en la isla del príncipe eduardo.

5. el río mississippi es uno de los ríos más largos de norteamérica.

6. en el museo de historia natural de utah hay una gran exhibición de dinosaurios.

7. la estatua de la libertad da la bienvenida a las personas de la ciudad de nueva york.

8. a mi familia le encanta pasar el día en disneylandia.

9. muchas personas han intentado escalar el monte everest.

10. américa del norte y américa del sur son regiones vecinas.

Objetivo: Usar letras mayúsculas en la primera letra de los nombres de países, provincias, estados, ciudades, pueblos, villas, montañas, ríos, lugares importantes y edificios.

# Uso de las mayúsculas

**Recuerda** que se usa letra mayúscula en los nombres de las **calles**, **avenidas**, **carreteras** y **edificios**.

Ejemplos:

> Jaime vive en la Avenida Duncan 365.
> El Centro Comercial América es un gran lugar para ir de compras.

Subraya los nombres de calles y edificios importantes que se encuentran en el buzón. Luego escríbelos en las líneas en blanco de abajo, usando las letras mayúsculas correctamente.

| | |
|---|---|
| tierra de los sueños | pizza hut |
| círculo sundance | oficina postal |
| estación de bomberos | parque lakeside |
| banco de montreal | guante de béisbol |
| escultura tótem | iglesia trinidad |
| camino asfaltado | calle principal |
| osito de peluche | estación de policía |
| universidad de queens | calle princesa |
| piscina | estación del tren |
| zoológico riverside | parada de autobús |

_____

_____

_____

_____

_____

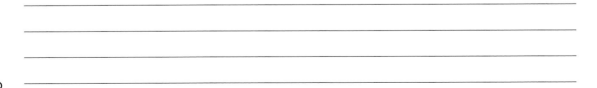

Objetivo: Usar letras mayúsculas en los nombres de calles y edificios.

# Uso de las mayúsculas

**Recuerda** que se usa letra mayúscula en la **primera palabra** de cada oración o escrito, y la que vaya después de un punto.

Ejemplo: | Muchos libros interesantes han sido escritos por niños.

Escribe las palabras de cada recuadro en el orden correcto para escribir una buena oración. No olvides usar mayúscula en la primera palabra de la oración.

1. | perdieron se hansel gretel y bosque en el

_____

2. | galleta hecha de a una casa llegaron

_____

3. | la casa en una horrible bruja galleta de vivía

_____

4. | niños jaula los puso una en a

_____

5. | bruja la engordarlos comérselos quería para

_____

6. | engañaron bruja la hansel escaparon y gretel y a se

_____

Objetivo: Usar letras mayúsculas al inicio de las oraciones.

OTM-2536 ISBN: 9781770788053

# Uso de las mayúsculas

**Recuerda** que se usa letra mayúscula en la **primera letra de la citación de las palabras de alguien**, cuando van entre comillas y cuando van después de los dos puntos.

Ejemplos:

> "Aquí tienen unos gusanos gordos y deliciosos", dijo Mamá Petirrojo a sus bebés.
> "Cómo quisiera que la primavera llegue más pronto", dijo la Sra. Conejo.

Copia las siguientes oraciones de manera limpia y ordenada. No olvides de colocar las letras mayúsculas donde correspondan.

1. "el hielo en el lago debe estar bien para patinar hoy", dijo Carmen.
   _____
   _____

2. "¡cecilia!", gritó su mamá con voz enojada. "si no te apuras, me voy sin ti."
   _____
   _____

3. "señor águila", chilló el sapito, "estoy seguro que usted no querrá comerse a un pequeño sapito perdido".
   _____
   _____

4. "yo no veo nada gracioso", refunfuñó la abuela. "¿de qué te ríes tanto?"
   _____
   _____

5. chillón gritó a silbido, "la señora conejo casi siempre esconde comida en agujeros vacíos. vamos a ver si ha escondido algo de comida en uno de estos agujeros."
   _____

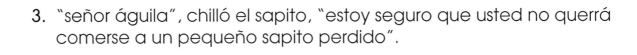

Objetivo: Usar letras mayúsculas entre comillas.

# Uso de las mayúsculas

**Recuerda** que se usa letra mayúscula en la primera palabra **después** de los dos puntos que en las cartas siguen a: "Queridos padres, Muy Sr. mío, etc.

Ejemplos:

| | |
|---|---|
| Querido Abuelo: | Querido Tío Eduardo: |
| Me dio mucho gusto recibir tu carta. | Gracias por tan precioso regalo. |

Copia la siguiente carta de agradecimiento en la tarjeta en blanco que se presenta abajo. No olvides usar letras mayúsculas cuando sea necesario.

29 de marzo de 20__

querida abuela,

gracias por el regalo de cumpleaños tan maravilloso que me diste. casi no puedo esperar a usarlo este año cuando juegue béisbol. todos mis amigos piensan que es un guante de béisbol de lo más fabuloso. espero verte pronto.

tu nieto,
alex

Objetivo: Usar letras mayúsculas al escribir una carta.

# Uso de letras mayúsculas

Recuerda que se usa letra mayúscula en la primera letra de los sustantivos, adjetivos y verbos que entran en el **título de un libro**, siempre y cuando no sea muy largo.

Ejemplos:

> ¿Has leído el libro que se llama "El Fantástico Señor Zorro" de Roald Dahl?
> Uno de mis poemas favoritos es "Los Árboles Son Tesoros".

Vuelve a escribir cada título de abajo usando mayúsculas en las letras que correspondan.

1. el ratón y la motocicleta
   _____

2. la princesa y el guisante
   _____

3. el flautista de hamelín
   _____

4. nuestro patio está lleno de pajaritos
   _____

5. viaje al centro de la tierra
   _____

6. el conejito que encontró la pascua
   _____

7. la gallina de los huevos de oro
   _____

8. la bella durmiente del bosque
   _____

9. el pequeño arbolito de navidad
   _____

10. la canción del gusanito y otras canciones sabrosas
    _____

Objetivo: Usar letras mayúsculas en títulos.

# Uso de letras mayúsculas

**Recuerda** que se usa letra mayúscula en las palabras que expresan **poder público, dignidad o cargo importante.**

Ejemplos:

> El Presidente dio un mensaje oficial la noche pasada.
> La cabeza de El Vaticano es el Papa.

Vuelve a escribir las siguientes oraciones en las líneas de abajo. No olvides usar letra mayúscula donde corresponda.

1. la comisión directiva se encargará de resolver el problema.

2. el consejo de ministros se reunió ayer para tratar el tema de accidentes en carreteras.

3. el vicepresidente reemplazará al presidente hasta que se recupere de su operación.

4. la directora del colegio convocó a una reunión de padres.

5. la embajada de méxico en estados unidos cambiará de oficinas.

6. la cámara de diputados aprobó la ley de tránsito.

7. el funcionario de estado dio una entrevista a los periodistas.

8. el comandante pérez revisó las tropas.

9. la primera dama es la esposa del presidente.

10. el gobierno ayudará a los damnificados por el huracán.

Objetivo: Usar mayúsculas en palabras que expresan cargo importante.

# Uso de las mayúsculas

**Recuerda** que se usa letra mayúscula en los sustantivos y adjetivos que forman parte del nombre de una institución, nombres de productos o nombres propios de periódicos.

**Ejemplos:**

> Mi auto favorito es el Chevrolet Grand Am.
> Mi mamá sólo utiliza el jabón marca Tide.
> ¿Has visto el comercial de Maytag?

En las líneas de abajo, copia de manera clara y ordenada las oraciones de arriba, sin olvidar usar las mayúsculas cuando corresponda.

1. cuando vaya a la universidad, voy a tomar los cursos de economía 101 y filosofía 100.

   _____
   _____

2. mis padres siempre leen *el heraldo de los ángeles* todas las noches después de la cena.

   _____
   _____

3. siempre ha habido competencia entre las sodas coca-cola y pepsi.

   _____
   _____

4. estoy seguro que el diario comercial tiene todas las noticias de negocios.

   _____
   _____

5. ¿lees *el heraldo de los ángeles* o *el globo*?

   _____
   _____

6. mi sueño es conducir un ferrari cuando sea grande.

   _____
   _____

Objetivo: Usar letras mayúsculas en nombres propios.

OTM-2536  ISBN: 9781770788053

# Reglas de puntuación para padres y profesores

1. Se usa el **punto (.)**:

   A) Después de una **oración enunciativa** y después de una oración imperativa.

   Ejemplos:

   > 1. José tiene una colección de conchas marinas que encontró en la playa este verano.  (oración enunciativa)
   > 2. Por favor, camine despacio por el pasillo. (oración imperativa)

   B) Después de una **inicial** y después de una **abreviatura**.

   Ejemplos:

   > 1. María F. Rodríguez (inicial)
   > 2. Dr. Rodolfo Espinoza (abreviatura)

2. Se usa los **signos de interrogación (¿?)** al iniciar y al concluir una pregunta.

   Ejemplos:

   > 1. ¿Qué almorzaste hoy?
   > 2. ¿Cuántos pasajeros hay en el avión?

3. Se usa los **signos de admiración (¡!)**:

   A) Al iniciar y concluir una **oración exclamativa**.

   Ejemplos:

   > 1. ¡Qué viaje tan largo hiciste!
   > 2. ¡Dios mío, tu perro tiene una cola bien larga!

   B) Al inicio y al final de una **interjección fuerte**:

   Ejemplos:

   > 1. ¡Qué filudo es este cuchillo!
   > 2. ¡Oh! ¡Este postre está delicioso!

4. Se usa la **coma (,)**:

   A) Para **separar palabras en una lista o serie**:

Ejemplos:

> 1. En el almuerzo, Jorge comió verduras, sopa y huevos.
> 2. Tráeme tu lápiz, borrador y libros.

B) Para **aislar el vocativo** o nombre de una persona o cosa a la que la oración hace referencia.

Ejemplos:

> 1. Paula, ¿alguna vez te has subido a un submarino?
> 2. Carlos, ¿el avión es tu medio de transporte favorito?

C) Para **aislar** las respuestas **sí o no** que van al principio de la oración.

Ejemplos:

> 1. Sí, me gusta el helado de chocolate.
> 2. No, no tengo dinero suficiente.

D) Para **separar** una **aposición** o frase explicativa del resto de la oración.

Ejemplos:

> 1. La Mona Lisa, también conocida como la Gioconda, es obra de Leonardo Da Vinci.
> 2. El equipo rojo, que iba perdiendo el partido, metió un gol en el último minuto.
> 3. Carolina, una preciosa niña de ojos soñadores, le regaló un oso de peluche a mi prima.
> 4. El oso panda, una especie en peligro de extinción, vive en los bosques de Asia.
> 5. La Torre Inclinada de Pisa, construida en 1733, atrae a muchos turistas todos los años.
> 6. Mi tío Pepe, que vive en México, viajó a Canadá la semana pasada.

E) Después de un **saludo** o una **despedida** en una carta.

Ejemplos:

| Saludos | Despedidas |
|---|---|
| Querido Juan, | Atentamente, |
| Estimado Sr. Pérez, | Con cariño, |

**F)** Para **separar** los **nombres** de la ciudad, pueblo o villa de la provincia o el estado de un país.

Ejemplos:

> 1. Mi familia se mundó de Londres, Inglaterra a Atlanta, Georgia.
> 2. En diciembre nos mudamos a Salt lake City, Utah.

**G)** Para **separar expresiones** como: esto es, es decir, por consiguiente, sin embargo y otras semejantes.

Ejemplos:

> Mario desobedeció a su mamá, por consiguiente, recibirá una reprimenda.

5. Se usa **punto y coma (;)**:

**A)** Para **separar** dos **oraciones** que hablan del mismo tema.

Ejemplos:

> La niña se levantó; su mamá la esperaba para desayunar.
> El Padre Juan se acercó a la gente; les habló con mucha ternura.

**B)** Para separar oraciones que indican hecho y consecuencia.

Ejemplos:

> Diana terminó su tarea; pudo ir a jugar.

6. Se usa **comillas (" ")**:

**A)** Para **encerrar las palabras exactas** que alguien dijo o pensó.

Ejemplos:

> 1. "No hagas caso de lo que diga la gente", me aconsejó mi abuela.
> 2. Rubén pregunto: "¿quién dejó abierta la puerta de la jaula del conejo?"

**B)** Para encerrar palabras que forman parte de los títulos de libros, poemas, canciones o cuentos.

Ejemplos:

> 1. ¿Alguna vez has leído el libro llamado "Enumera las Estrellas"?
> 2. Me encanta cantar la canción titulada "Los Pollitos".
> 3. María recitó el poema llamado "Un Dragón Moderno".

# Usando los signos de puntuación
## El punto (.)

Se usa el **punto (.)** al final de una oración.

En la lista de abajo hay siete oraciones. Pon el **punto (.)** al final solamente de cada oración. No pongas punto al final de las palabras que no forman una oración.

1. Hace mucho tiempo, vivían tres cerditos

2. Una casa de paja

3. El lobo sopló y derribó las casas hechas de paja y madera

4. El tercer cerdito construyó una casa de ladrillos

5. Un lindo árbol de manzanas

6. Cinco en punto de la mañana

7. El lobo llamó de nuevo a la puerta del tercer cerdito

8. El lobo le dijo al cerdito que se levantara temprano

9. El furioso lobo trató

10. El asustado cerdito

11. El lobo y el cerdito iban a recolectar manzanas en la mañana

12. El cerdito corrió rápidamente a casa

Objetivo: Usar el punto al final de una oración.

# Usando los signos de puntuación
## El punto (.)

Se usa el **punto** (.) después de una **inicial** y después de una **abreviatura** (formas cortas).

A) Escribe los siguientes nombres completos usando iniciales para los nombres y el apellido completo.

**Ejemplos:** | Lisa Jayne Tureski        L.J. Tureski |

1. Juan Manuel Gómez _____
2. Federico Eduardo Villareal _____
3. Ramona Escobedo _____
4. Laura Ingalls Wilder _____
5. Escribe tu nombre completo. _____
6. Escribe tu nombre con iniciales. _____
7. Escribe el nombre de tu papá con iniciales._____

B) Escribe las abreviaturas de las siguientes palabras. Recuerda que toda abreviatura termina con un punto.

**Ejemplo:** | Doctor – Dr. |

1. Señor _____
2. Señora _____
3. Señorita _____
4. Compañía _____
5. etcétera _____
6. página _____
7. centímetro _____
8. metro _____
9. kilómetro _____
10. Artículo _____
11. miligramo _____

12. General _____
13. gramo _____
14. usted _____
15. por ejemplo _____
16. Sociedad Anónima _____
17. Sociedad Limitada _____
18. nuestra _____
19. profesor _____
20. director _____
21. licenciado _____
22. ingeniero _____

Objetivo: Usar el punto en iniciales y abreviaturas.

# Usando los signos de puntuación
## Los signos de interrogación (¿?)

Se usa los **signos de interrogación (¿?)** al iniciar y concluir una pregunta.

Ejemplo: | ¿Cuándo estás yendo a México?

A) Abajo encontrarás oraciones enunciativas y oraciones interrogativas. Coloca el **signo de puntuación** que corresponda a cada oración. Luego **subraya** todas las oraciones interrogativas o preguntas. Observa que cuando uses un punto, el espacio que está al principio de la oración quedará en blanco.

1. ____ Quién está yendo al espectáculo contigo ___

2. ____ Mañana es el día de la feria de otoño ___

3. ____ Mi abuelo me regaló una pelota de fútbol por mi cumpleaños ___

4. ____ Alguna vez has urdido un plan secreto con tu mejor amigo ___

5. ____ En mis vacaciones fui al museo a ver las exhibiciones de dinosaurios ___

6. ____ Qué viste en la tienda de juguetes ___

7. ____ En el recreo las niñas jugaban a saltar la soga ___

8. ____ Antes del desayuno vi dos mariposas anaranjadas y negras debajo de mi ventana ___

9. ____ Qué harías si tu perro te siguiera un día a la escuela ___

10. ____ Abran sus libros y hagan la tarea de la pizarra ___

B) Escribe una buena oración interrogativa o pregunta.

_____

_____

Objetivo: Usar correctamente el punto y los signos de interrogación.

# Usando los signos de puntuación
## Los signos de admiración (¡!)

Se usa los **signos de admiración (¡!)** al iniciar y concluir una oración exclamativa.

**Ejemplo:** | ¡Dios mío, ese conejo tiene unas orejas larguísimas!

Los **signos de admiración (¡!)** se usan al inicio y al final de una oración que muestra sorpresa, miedo o alegría.

**Ejemplo:** | ¡No puedo creer que perdiéramos el partido!

En la línea de abajo, coloca los **signos de puntuación** adecuados. **Subraya** las oraciones que usan signos de exclamación. Observa que cuando uses un punto, el espacio que está al principio de la oración quedará en blanco.

1. ____ Por qué siempre tengo que despertarme cuando estoy en medio de un sueño maravilloso ___

2. ____ Qué diferente era de los otros patitos de Mamá Pata ___

3. ____ Una serpiente negra y diminuta se deslizaba a través del pasto crecido del campo del granjero ___

4. ____ Qué día más maravilloso tuvieron ellos ___

5. ____ "Mira esas maravillosas manzanas grandes y rojas ___", gritó José ___

6. "___ Pobre gatito ___", dijo la Sra. Salazar ___

7. ____ Juan dibujó las figuras de un oso, un ciervo y un saltamontes ___

8. "___ Por qué a los cerdos les encanta revolcarse en el lodo ___", preguntó Juan a su abuelo ___

9. "___ Ay, una araña ___", exclamó Rosa ___

10. "___ Dios mío ___" "___ El heno fresco huele muy bien ___", exclamó Enrique mientras entraba a la granja ___

Objetivo: Usar correctamente los signos de puntuación (.), (¿?) y (¡!).

# Usando los signos de puntuación
## La coma (,)

**Parte A:**

Se usa la **coma (,)** para **separar** palabras en una **lista** o **serie**.

Ejemplo: María se puso su vestido nuevo, su sombrero y su abrigo.

En cada una de las oraciones de abajo, coloca las comas donde corresponda.

1. ¿Hiciste tu tarea de lectura redacción y ciencia?
2. Los niños trajeron papel pasta y pintura al taller de arte.
3. A los monos les gusta comer nueces hojas hormigas y plátanos.
4. Cuando llegamos a la tienda mi mamá compró pan leche mantequilla huevos y jugo de naranja.
5. Marco puso un poco de jamón queso lechuga y tomate en su emparedado.

**Parte B:**

Se usa la **coma (,)** para aislar el vocativo o **nombre** de una persona o cosa a la que la oración hace referencia.

Ejemplo: Mónica, dile a tu hermana que venga enseguida.

En cada una de las oraciones de abajo, coloca las comas donde corresponda.

1. Paula ¿alguna vez has viajado en avión?
2. Andrés ¿el hockey es tu juego favorito?
3. Por favor tráeme mi suéter Andrea.
4. Roberto ¿ésta es la chaqueta que se te perdió?
5. Sr. Rodríguez ¿me acompañaría a almorzar?

Objetivo: Usar la coma para separar palabras en una lista.
Usar la coma para aislar el nombre de un vocativo.

# Usando los signos de puntuación
## La coma (,)

**Parte A:**

Se usa la **coma (,)** para aislar las respuestas **sí** o **no**.

Ejemplo: | Sí, puedo ir al cine. |

En cada una de las oraciones de abajo, coloca las comas donde corresponda.

1. No hoy Juan no puede ir a jugar al parque.
2. Sí fui a Seattle en avión el viernes pasado.
3. Sí mi mejor amiga es Sofía.
4. No quiero terminar de leer esta página.
5. Sí le diré a mi hermana que llamaste.

**Parte B:**

Se usa la **coma (,)** para separar una **aposición** o **frase explicativa** del resto de la oración.

Ejemplo: | Mi abuelo, un señor de cabello cano, vino a la escuela por mí. |

En cada una de las oraciones de abajo, coloca las comas donde corresponda.

1. Don Quijote el Caballero Andante iba en busca de Dulcinea.
2. Demóstenes venciendo su tartamudez se convirtió en un gran orador.
3. Tomás un chiquitín travieso vino acompañado de su hermano mayor.
4. Los Reyes Católicos Isabel y Fernando apoyaron a Cristóbal Colón en sus viajes.
5. Mi gatito que se llama Sam adora que lo acaricien.

Objetivo: Usar la coma para aislar las respuestas sí o no. Usar la coma para indicar una aposición.

# Usando los signos de puntuación
## La coma (,)

1. Se usa la **coma** después de un **saludo** o una **despedida** en una carta.

2. Se usa la **coma** para separar el **nombre** de un lugar de su provincia o estado.

3. Se usa la **coma** para **separar expresiones** como "esto es", "sin embargo" y otras semejantes.

### Ejemplo:

14 Marion Rd.
② Columbus, OH
16 de abril de 20__

① Querida Abuela,

③ Disfruté mucho mis vacaciones en tu rancho durante el verano. No pensé pasarla tan bien, es decir, estar rodeado de tantos animalitos y hacer tantas cosas.  Gracias por llevarme al rodeo.  ¡Fue un día muy emocionante!

Espero poder visitarte pronto.

④ Tu nieto,
Martín

---

95 Appleby Court
Seattle WA
30 de marzo de 20__

Querido Tío Aldo

Gracias por enviarme el libro de Harry Potter por mi cumpleaños Realmente disfruté mucho leyéndolo  Mamá me llevó al cine a ver la película que era un poco diferente del libro es decir estaba adaptada. Realmente pasé un excelente cumpleaños este año

Con cariño
Pedro

Objetivo: Usar signos de puntuación en una carta.

# Usando los signos de puntuación
## El punto y coma (;)

Se usa el **punto y coma (;)** para **separar dos oraciones** que hablan del **mismo tema**.

Ejemplos:

> Los niños cantaron muy bien; practicaron mucho antes del espectáculo.
>
> Las flores eran preciosas; es el fruto del cuidado de mi mamá.

En las líneas de abajo, coloca el **punto y coma** donde corresponda.

1. Esther corrió rápidamente a buscar a su abuela no la veía hace mucho tiempo.

2. Pablo terminó su tarea había trabajado por casi dos horas.

3. Mi mamá me compró una muñeca nueva yo estaba muy contenta.

4. Blanca Nieves encontró una casita diminuta allí vivían siete enanitos.

5. El ratón asomó la cabecita quería ver si el gato estaba cerca.

6. La esposa del sastre encendió la luz los duendecitos ya se habían ido.

7. Un cerdito hizo una casa de paja el otro hizo una de madera.

8. La computadora no funciona está averiada.

9. La campesina no encontró los pasteles que había dejado en la ventana los pajaritos se los habían comido.

10. "Pulgarcito" es mi cuento favorito le pido a mi mamá que me lo cuente todos los días.

Objetivo: Usar el punto y coma para separar oraciones que hablan del mismo tema.

# Usando los signos de puntuación
## El punto y coma (;)

Se usa el **punto y coma** para separar oraciones que indican **hecho** y **consecuencia**.

Ejemplo: | Se acabó la gasolina; se apagó el carro.

En las líneas de abajo, coloca el punto y coma donde corresponde.

1. Terminó la fiesta todos se fueron a sus casas.

2. No hice mi tarea mi mamá no me dejó salir a jugar.

3. Ganamos el partido nos fuimos a celebrar.

4. Olvidamos traer las sodas tuvimos que contentarnos con agua.

5. Mi mamá me despierta temprano todos los días por eso siempre llego temprano a clase.

6. Los niños se disputaban el libro el pobre terminó por romperse.

7. Hacemos galletas en casa luego las vendemos.

8. La Bella Durmiente se pinchó con el huso cayó sumida en un profundo sueño.

9. La princesa no pudo dormir toda la noche el guisante le había dejado el cuerpo adolorido.

10. El lobo llegó más tarde que el cerdito el cerdito ya se había ido.

# Usando los signos de puntuación
## Las comillas (" ")

Se usa las **comillas** (" ") para encerrar las palabras **exactas** que alguien dijo o pensó.

Ejemplo: "Mamá, me voy a patinar," anunció Verónica.

Coloca las comillas para señalar las palabras o pensamientos de una persona:

1. ¿Mamá, te puedo ayudar en algo?, preguntó Esteban.

   _____

2. Tomás llamó: Padre, ¿dónde estás?

   _____

3. ¿Cómo construiste el librero, Miguel?, preguntaron los niños.

   _____

4. ¿No te gusta el agua, Sapito?, preguntó el Águila.

   _____

5. Benjamín gritó: ¡ten cuidado con el tren!

   _____

6. ¿Trajiste la campana?, preguntó Hilda.

   _____

7. Este lugar es muy oscuro y tenebroso, susurró Nancy.

   _____

8. Estamos esperando a la señora Mapache, dijeron los animales.

   _____

9. ¿Viste la urraca en el comedero?, preguntó Gerardo.

   _____

10. ¡Alguien ha estado comiendo de mi plato!, gruñó Papá Oso.

    _____

Objetivo: Usar las comillas para encerrar un enunciado.

# Usando los signos de puntuación
## Las comillas (" ")

Se usa las **comillas** (" ") para **encerrar** palabras que forman parte de los títulos de libros, poemas, canciones o cuentos.

**Ejemplo:** | Lucy Maud Montgomery escribió la novela titulada "Anne de Green Gables".

Coloca las comillas para indicar títulos en las siguientes oraciones:

1. ¿Alguna vez has leído el poema titulado La Lechuza y el Gatito?

2. Me encanta cantar Blanca Navidad el primer día de nieve.

3. Mi libro favorito de Robert Munsch se llama La Princesa Vestida con una Bolsa de Papel.

4. Puedes encontrar información referente a murciélagos en el libro llamado Mamíferos Nocturnos.

5. Vamos a ir a ver una obra de teatro que se llama La Princesa Hada.

6. Realmente me gustó mucho la película que hicieron sobre el libro El Señor de los Anillos.

7. La Cenicienta y Blanca Nieves son cuentos de hadas muy conocidos.

8. ¿Conoces la rima infantil llamada Humpty Dumpty?

9. Cascanueces es una obra de ballet muy famosa que se presenta en Navidad.

10. Nadie sabe quién escribió el poema llamado Hace Mucho Tiempo.

Objetivo: Usar comillas para indicar un título.

## Uso de las mayúsculas
### Examen

**Encierra en un círculo** las palabras de cada oración que necesiten letras mayúsculas. Luego, **escribe las palabras encerradas en un círculo** con las **letras mayúsculas** que corresponden en las líneas de abajo.

1. e. b. white escribe cuentos maravillosos para niños.
   _____

2. todo el mundo adora los libros de franklin escritos por paulette bourgeois.
   _____

3. mis rimas infantiles favoritas son maría tenía una ovejita y el pequeño niño azul.
   _____

4. el nombre en la puerta de la oficina decía dr. t. s. elliott.
   _____

5. el sr. y la sra. rodríguez siempre celebran el día de san patricio el 17 de marzo de cada año.
   _____

6. el presidente de los estados unidos vive en la casa blanca que está en washington d. c.
   _____

7. la estatua de la libertad está en la ciudad de nueva york, nueva york.
   _____

8. uno de mis libros favoritos es "la mejor fiesta de navidad" escrito por bárbara robinson.
   _____

9. en navidad muchas personas celebran el nacimiento de jesús.
   _____

10. ¿alguna vez has leído el poema titulado "la noche antes de navidad"?
    _____

Objetivo: Prueba sobre uso de las mayúsculas.

# Usando los signos de puntuación
## Examen

En las oraciones extraídas de cuentos de hadas que se presentan a continuación, faltan los signos de puntuación. En las líneas en blanco debajo de cada oración, **vuelve a escribir** cada oración con los **signos de puntuación** que faltan.

1. Quién está cruzando mi puente gritó el duende

   _____

2. Construiré una casa con mis propias manos exclamó el primer cerdito

   _____

3. El gallo el burro el perro y el gato se convirtieron en muy buenos amigos

   _____

4. Solamente me queda un pedazo de cuero le dijo tristemente el zapatero a su esposa

   _____

5. Oh Hada Madrina exclamó Cenicienta Si sólo pudiera ir al baile

   _____

6. Hansel Hansel exclamó Gretel Estamos salvados

   _____

7. Juanito robó el arpa mágica del gigante su gallina mágica y tres bolsas de oro

   _____

8. Alguna vez has leído el cuento llamado Rapunzel

   _____

9. Ella morirá al pincharse el dedo en la aguja de una rueca profirió el hada malvada

   _____

10. Mmmm se saboreó Ricitos de Oro Este potaje huele realmente delicioso

    _____

Objetivo: Prueba sobre los signos de puntuación.

# Respuestas

## Página 68:
1. Enrique y Ana viven en una antigua casa de ladrillos.
2. Elena está leyendo una fábula que se llama "La Zorra y las Uvas".
3. Eduardo e Isabel fueron a ver al Dr. J. P. Pérez para su revisión.
4. La Reina Isabel II vive en el Palacio de Buckingham.
5. Tengo un perro que se llama Félix y un gato que se llama Simón.
6. El Sr. y la Sra. Martínez van al parque todos los días con su nieta Inés.

## Página 69:
1. Su Majestad la Reina Isabel visitó la ciudad el mes pasado.
2. Todos los domingos vamos a misa para darle gracias al Creador.
3. Ricardo Corazón de León murió en defensa de su hermano Juan.
4. Miguel de Cervantes Saavedra, también conocido como el Manco de Lepanto, fue el autor de la gran obra "Don Quijote de la Mancha".
5. En Semana Santa conmemoramos el padecimiento de nuestro Redentor.
6. Pipino el Breve es el fundador de la Dinastía Carolingia.
7. Don Quijote es también concoido como el Caballero Andante.
8. El Papa Juan Pablo II fue dulcemente llamado el Papa Viajero.
9. Magaret Thatcher, la Dama de Hierro, fue Primera Ministra de Inglaterra.
10. El Siglo de las Luces fue la centuria que vio muchos progresos en la historia.

## Página 70:
*Palabras que deben encerrarse en un círculo.*
1. María, Pedro, El Líbano, Nueva Hampshire
2. Nuestra, Centro Histórico, México
3. Alguna, Torre Eiffel
4. Lucy Maud Montgomery, Cavendish, Isla, Príncipe Eduardo
5. El, Río Mississippi, Norteamérica
6. En, Museo, Historia, Natural, Utah
7. La, Estatutua, Libertad, Nueva York
8. A, Disneylandia
9. Muchas, Monte Everest
10. América, Norte, América, Sur

## Página 71:
*Palabras que se subrayan y luego se escriber con mayúscula.*

| | |
|---|---|
| Círculo Sundance | Banco de Montreal |
| Pizza Hut | Universidad de Queens |
| Parque Lakeside | Zoológico Riverside |
| Iglesia Trinidad | Calle Princesa |
| Calle Principal | |

## Página 72:
1. Hansel y Gretel se perdieron en el bosque.
2. Llegaron a una casa hecha de galleta.
3. En la casa vivía una horrible bruja.
4. Puso a los niños en una jaula.
5. La bruja quería engordarlos para comérselos.
6. Hansel y Gretel engañaron a la bruja y se escaparon.

## Página 73:
1. "El hielo en el lago debe estar bien para patinar hoy", dijo Carmen.
2. "¡Cecilia!", gritó su mamá con voz enojada, "Si no te apuras me voy sin ti".
3. "Señor Águila", chilló el sapito, "Estoy seguro que usted no querrá comerse a un pequeño sapito perdido".
4. "Yo no veo nada gracioso", refunfuñó la abuela, "¿De qué te ríes tanto?"
5. Chillón gritó a Silbido, "la Señora Conejo casi siempre esconde comida en agujeros vacíos. Vamos a ver si ha escondido algo de comida en uno de estos agujeros".

## Página 74:

29 de marzo de 20___

Querida Abuela,

   Gracias por el regalo de cumpleaños tan maravilloso que me diste. Casi no puedo esperar a usarlo este año cuando juegue béisbol. Todos mis amigos piensan que es un guante de béisbol de lo más fabuloso. Espero verte pronto.

   Tu nieto,
   Alex

## Página 75:

1. El **R**atón y la **M**otocicleta
2. La **P**rincesa y el **G**uisante
3. El **F**lautista de **H**amelín
4. **N**uestro **P**atio está **L**leno de **P**ajaritos
5. **V**iaje al **C**entro de la **T**ierra
6. El **C**onejito que **E**ncontró la **P**ascua
7. La **G**allina de los **H**uevos de **O**ro
8. La **B**ella **D**urmiente del **B**osque
9. El **P**equeño **A**rbolito de **N**avidad
10. La **C**anción del **G**usanito y **O**tras **C**anciones **S**abrosas

## Página 76:
1. La **C**omisión **D**irectiva se encargará de resolver el problema.
2. El **C**onsejo de **M**inistros se reunió ayer para tratar el tema de accidentes en carreteras.
3. El **V**icepresidente reemplazará al **P**residente hasta que se recupere de su operación
4. La **D**irectora del colegio convocó a una reunión de padres.
5. La **E**mbajada de **M**éxico en **E**stados **U**nidos cambiará de oficinas.
6. La **C**ámara de **D**iputados aprobó la **L**ey de **T**ránsito.
7. El **F**uncionario de **E**stado dio una entrevista a los periodistas.
8. El **C**omandante **P**érez revisó las tropas.
9. La **P**rimera **D**ama es la esposa del **P**residente.
10. El **G**obierno ayudará a los damnificados por el huracán.

## Página 77:
1. **C**uando vaya a la universidad, voy a tomar los cursos de **E**conomía 101 y **F**ilosofía 100.
2. **M**is padres siempre leen *El Heraldo de Los Ángeles* todas las noches después de la cena.
3. **S**iempre ha habido competencia entre las sodas **C**oca-**C**ola y **P**epsi.
4. **E**stoy seguro que el **D**iario **C**omercial tiene todas las noticias de negocios.
5. ¿**L**ees *El Heraldo de Los Ángeles* o *El Globo*?
6. **M**i sueño es conducir un **F**errari cuando sea grande.

## Página 81:
Las siguientes oraciones deben terminar con un punto: **1, 3, 4, 7, 8, 11, 12**

## Página 82:

**A)** 1. J. M. Gómez    2. F. E. Villareal
    3. R. Escobedo    4. L. I. Wilder
    5., 6. y 7. – Respuestas diferentes.

**B)** 1. Sr.    2. Sra.    3. Srta.    4. Cía.
    5. etc.    6. pág.    7. cm.    8. m.
    9. km.    10. Art.    11. mg.    12. Gral.
    13. gr.    14. Ud.    15. p. ej.    16. S.A.
    17. S. Ltda. 18. nstra.    19. Prof.    20. Dir.
    21. Lic.    22. Ing.

## Página 83:
**A)** 1. Signo de interrogación
    2. Punto
    3. Punto
    4. Signo de interrogación
    5. Punto
    6. Signo de interrogación
    7. Punto
    8. Punto
    9. Signo de interrogación
    10. Punto

Oraciones que se subrayan: **1, 4, 6, 9**

**B)** Respuestas diferentes.

## Página 84:
1. Signo de interrogación
2. Signo de admiración
3. Punto
4. Signo de admiración
5. Signo de admiración, punto
6. Signo de admiración, punto
7. Punto
8. Signo de interrogación, punto
9. Signo de admiración, punto
10. Signo de admiración, signo de admiración, punto

Oraciones que se subrayan: **2, 4, 5, 6, 9, 10**

## Página 85:
**Parte A:**
1. lectura, redacción y ciencia
2. papel, pasta y pintura
3. nueces, hojas, hormigas y plátanos
4. pan, leche, mantequilla, huevos y jugo de naranja
5. jamón, queso, lechuga y tomate

**Parte B:**

1. Paula, ¿alguna vez has viajado en avión?
2. Andrés, ¿el hockey es tu juego favorito?
3. Por favor tráeme mi suéter, Andrea.
4. Roberto, ¿ésta es la chaqueta que se te perdió?
5. Sr. Rodríguez, ¿me acompañaría a almorzar?

## Página 86:
Parte A: 1. No,    2. Sí,    3. Sí,
        4. No,    5. Sí,

### Parte B:
1. Don Quijote, el Caballero Andante, iba en busca de Dulcinea.
2. Demóstenes, venciendo su tartamudez, se convirtió en un gran orador.
3. Tomás, un chiquitín travieso, vino acompañado de su hermano mayor.
4. Los Reyes Católicos, Isabel y Fernando, apoyaron a Cristóbal Colón en sus viajes.
5. Mi gatito, que se llama Sam, adora que lo acaricien.

## Página 87:

95 Appleby Court
Seattle, WA
30 de marzo de 20___

Querido Tío Aldo,

    Gracias por enviarme el libro de Harry Potter por mi cumpleaños.  Realmente disfruté mucho leyéndolo.  Mamá me llevó al cine a ver la película que era un poco diferente del libro, es decir, estaba adaptada.  Realmente pasé un excelente cumpleaños este año.

                Con cariño,
                Pedro

## Página 88:
1. Esther corrió rápidamente a buscar a su abuela; no la veía hace mucho tiempo.
2. Pablo terminó su tarea; había trabajado por casi dos horas.
3. Mi mamá me compró una muñeca nueva; yo estaba muy contenta.
4. Blanca Nieves encontró una casita diminuta; allí vivían siete enanitos.
5. El ratón asomó la cabecita; quería ver si el gato estaba cerca.
6. La esposa del sastre encendió la luz; los duendecitos ya se habían ido.
7. Un cerdito hizo una casa de paja; el otro hizo una de madera.
8. La computadora no funciona; está averiada.
9. La campesina no encontró los pasteles que había dejado en la ventana; los pajaritos se los habían comido.
10. "Pulgarcito" es mi cuento favorito; le pido a mi mamá que me lo cuente todos los días.

## Página 89:
1. Terminó la fiesta; todos se fueron a sus casas.
2. No hice mi tarea; mi mamá no me dejó salir a jugar.
3. Ganamos el partido; nos fuimos a celebrar.
4. Olvidamos traer las sodas; tuvimos que contentarnos con agua.
5. Mi mamá me despierta temprano todos los días; por eso siempre llego temprano a clase.
6. Los niños se disputaban el libro; el pobre terminó por romperse.
7. Hacemos galletas en casa; luego las vendemos.
8. La Bella Durmiente se pinchó con el huso; cayó sumida en un profundo sueño.
9. La princesa no pudo dormir toda la noche; el guisante le había dejado el cuerpo adolorido.
10. El lobo llegó más tarde que el cerdito; el cerdito ya se había ido.

## Página 90:
1. "¿Mamá, te puedo ayudar en algo?"
2. "Padre, ¿dónde estás?"
3. "¿Cómo construiste el librero, Miguel?"
4. "¿No te gusta el agua, Sapito?"
5. "¡ten cuidado con el tren!"
6. "¿Trajiste la campana?"
7. "Este lugar es muy oscuro y tenebroso"
8. "Estamos esperando a la señora Mapache"
9. "¿Viste la urraca en el comedero?"
10. "¡Alguien ha estado comiendo de mi plato!"

## Página 91:
1. "La Lechuza y el Gatito"
2. "Blanca Navidad"
3. "La Princesa Vestida con una Bolsa de Papel"
4. "Mamíferos Nocturnos"
5. "La Princesa Hada"
6. "El Señor de los Anillos"
7. "La Cenicienta", "Blanca Nieves"
8. "Humpty Dumpty"
9. "Cascanueces"
10. "Hace Mucho Tiempo"
## Página 92:

1. E. B. White
2. Todo, Franklin, Paulette Bourgeois
3. Mis, María Tenía una Ovejita, El Pequeño Niño Azul
4. El, Dr. T.S. Elliott
5. El, Sr., Sra., Rodríguez, Día, San Patricio
6. El, Presidente, Estados Unidos, Casa Blanca, Washington, D.C.
7. La, Estatua, Libertad, Nueva York, Nueva York.
8. Uno, "La Mejor Fiesta de Navidad", Bárbara Robinson
9. En, Navidad, Jesús
10. Alguna, "La Noche antes de Navidad"

## Página 93:
1. "¿Quién está cruzando mi puente?", gritó el duende.
2. "¡Construiré una casa con mis propias manos!", exclamó el primer cerdito.
3. El gallo, el burro, el perro y el gato se convirtieron en muy buenos amigos.
4. "Solamente me queda un pedazo de cuero", le dijo tristemente el zapatero a su esposa.
5. "¡Oh, Hada Madrina!", exclamó Cenicienta, "¡si sólo pudiera ir al baile!".
6. "¡Hansel, Hansel!", exclamó Gretel, "¡Estamos salvados!".
7. Juanito robó el arpa mágica del gigante, su gallina mágica y tres bolsas de oro.
8. ¿Alguna vez has leído el cuento llamado "Rapunzel"?
9. "¡Ella morirá al pincharse el dedo en la aguja de una rueca!" profirió el hada malvada.
10. "¡Mmmm!" se saboreó Ricitos de Oro, "¡Este potaje huele realmente delicioso!".

# Composición de Oraciones

*Composición de Oraciones* es un recurso efectivo para enseñar o revisar cómo escribir oraciones adecuadamente. Las actividades de este libro ayudan a los estudiantes a reconocer la estructura de los cuatro tipos de oraciones: oración enunciativa, oración interrogativa o pregunta, oración exclamativa y oración imperativa u orden, ofreciendo ejercicios prácticos para cada uno de los casos.

## Cuadernos de trabajo en español

### Fundamentos de lenguaje y matemática para:

- ESI (Español como Segundo Idioma)

¡Felicitaciones por la compra de esta valiosísima fuente de aprendizaje! Aquí tiene usted una serie en español para educadores y padres lista para usar. Estos libros de trabajo los puede utilizar para enseñar, revisar y reforzar las habilidades básicas de lenguaje. Compuesto por material basado en currículos escolares de lectura, lenguaje y matemática, estos libros de trabajo son ideales para estudiantes que están aprendiendo inglés y/o español como primer o segundo idioma.

Las actividades de esta serie se han traducido del inglés al español tratando de mantener la mayor similitud posible, intentando lograr un enfoque de "traducción directa". Este enfoque se ha mantenido en todas las actividades principales y, en los casos en los que no se pudo hacer una traducción directa debido a las diferencias lingüísticas, se optó por la "adaptación" de las actividades. Esta serie ofrece hojas de trabajo que ayudarán a su niño a desarrollar una sólida comprensión de los conceptos básicos en matemática, lectura y lenguaje en español.

# ¿Qué es la oración?

1. La **oración** es un grupo de palabras que expresa una idea o un pensamiento. La oración comienza con letra mayúscula y termina con un punto (.).

   Ejemplos: Setiembre es el primer mes del otoño.
   Las hojas cambian de color en el otoño.

2. Algunos grupos de palabras parecen oraciones, pero en realidad no lo son. A este grupo de palabras se les denomina "**frases**".

   Ejemplos: *Crecer en el jardín*
   *En los meses de otoño*

Algo falta. No se ha terminado de expresar el <u>pensamiento</u>.

Subraya el grupo de palabras que son <u>oraciones</u>.

1. Los árboles de la huerta están llenos de manzanas.
2. Una calabaza regordeta y amarilla
3. La ardilla juguetona subió el árbol corriendo, llevando una nuez en la boca.
4. El conejo corrió hacia su hueco.
5. En la feria el mes pasado
6. Surcando los cielos
7. La petunia rosada se sentía muy solita en el huerto de calabazas.
8. Una tortuga enorme
9. El pajarito voló del nido y se posó en la rama de un árbol.
10. En el borde del gran bosque
11. Un día del verano pasado
12. En una parada
13. Hoy la luna brilla resplandeciente en la nieve.
14. Todos los patitos escurridizos
15. El ganado pastaba tranquilamente en la hierba.

Objetivo: Comprender y reconocer oraciones.

# Composición de oraciones

La oración que dice algo se le conoce como oración **enunciativa**.

La oración enunciativa comienza con **letra mayúscula** y termina con un **punto**.

**Ejemplo:** El cerdito construyó una casa de paja.

**Copia** cada una de las oraciones de abajo de manera limpia y ordenada. Recuerda: empieza la oración con **letra mayúscula** y termínala con un **punto**.

1. el feo gusanito verde lentamente se fue transformando hasta convertirse en una hermosa mariposa

_____

_____

2. la ardillita negra trepó corriendo el colorido árbol de arce

_____

_____

3. una larga hoja roja cayó suavemente en el charco de agua lodosa

_____

_____

4. mi mamá hace un pudín de chocolate que es dulce y muy suave

_____

_____

5. la calle estaba tan oscura y sombría que no vi el gato negro

_____

_____

6. el cielo oscuro nos decía que estaba por desencadenarse una tormenta

_____

_____

7. encontré un cofre de tesoro lleno de monedas de oro y joyas brillantes

_____

_____

Objetivo: Colocar mayúsculas y signos de puntuación correctamente.

_Composición de Oraciones_

# Algo para terminar

Aquí tienes el inicio de varias oraciones que hablan de cómo estar seguro cuando manejas bicicleta.

Añade palabras para terminar las oraciones.

Haz oraciones interesantes.

1. Cada año mi papá revisa _____

    _____

2. Debo detener mi bicicleta en _____

    _____

3. Cuando voy a voltear debo _____

    _____

4. La bicicleta es para que la manejen _____

    _____

5. Es peligroso _____

    _____

6. Toda bicicleta debe tener _____

    _____

7. Toda bicicleta debe ser _____

    _____

8. Todo ciclista debe usar _____

    _____

9. No manejes tu bicicleta si _____

    _____

10. Mientras manejas tu bicicleta, las cosas deben estar _____

    _____

11. Usa ropa de colores brillantes en las noches cuando _____

    _____

12. Sólo debes manejar bicicleta en _____

    _____

Objetivo: Completar oraciones con un final adecuado.

 © On The Mark Press

# Composición de oraciones

Completa las siguientes oraciones sobre el Sapito Pedro.

1. El Sapito Pedro vive _____

2. Él es un gran _____

3. Pedro adora sentarse _____

4. Usa su lengua _____

5. Pedro usa sus patas para _____

6. En el invierno, Pedro duerme _____

Completa las siguientes oraciones sobre el Sr. Muñeco de Nieve.

1. Los niños hicieron un _____

   _____

2. Hicieron tres _____

   _____

3. Usaron pedazos de carbón para _____

4. Un sombrero de paja para _____

5. Susana le puso lentes de sol _____

6. Estaba vestido con _____

Completa las siguientes oraciones sobre la Bruja Vilma.

1. En una vieja casa destartalada vivía _____

2. Con ella vivía _____

3. Vilma adoraba hacer una poción especial _____

4. En su poción, Vilma ponía _____

5. Vilma movía su poción mientras _____

6. Su poción haría que _____

Objetivo: Completar oraciones sobre una figura.

# Composición de oraciones

Añade un comienzo para cada final, para hacer oraciones que hablen de la "nieve".

1. _____ comenzó a caer desde el cielo.

2. _____ nieve del año.

3. _____ en todo el suelo.

4. _____ estaban completamente cubiertos de nieve.

5. _____ e hicieron ángeles de nieve.

Añade un comienzo para cada final, para hacer oraciones que hablen de niños jugando en trineos.

1. _____día de enero.

2. _____ a las colinas de Thunder Hill.

3. _____ el trineo y se agarraron fuertemente unos de otros.

4. _____por las colinas.

5. _____y cayó el trineo en la nieve profunda y suave.

Completa cada oración que habla sobre el otoño con un buen comienzo.

1. _____cambian de color a naranja, rojo y amarillo durante el otoño.

2. _____ sus hojas en el otoño.

3. _____fútbol Americano en el otoño.

4. _____ guardando nueces en sus huecos en los días soleados.

5. _____ viajan al sur en el invierno.

Objetivo: Completar oraciones con un comienzo adecuado.

OTM-2536 ISBN: 9781770788053

# Algo para comenzar

Aquí tienes algunas palabras finales.

Escribe un buen comienzo para cada oración.

1. _____ subió corriendo el árbol de arce.

2. _____ se sentó en el campo del granjero, esperando el Día de Brujas.

3. _____ corrió y saltó rápidamente hacia su hueco.

4. _____ volando al sur por el invierno.

5. _____ se pusieron máscaras y disfraces en la fiesta del Día de Brujas.

6. _____ realmente estuvieron muy jugosas.

7. _____ estaban blancas con la nieve.

8. _____ cuando vio un enorme oso saliendo del bosque.

9. _____ mi perro un truco nuevo.

10. _____ en nuestro árbol de Navidad.

11. _____ ir a nadar en la piscina de nuestro vecino.

12. _____ mis dientes después de cada comida.

13. _____ los platos todas las noches.

14. _____ hoy en el bosque.

Objetivo: Completar oraciones con un comienzo adecuado.

# ¿Qué palabra uso?

A) Usa **ser** cuando describas:
   | | |
   |---|---|
   | un lugar de origen | un estado o condición |
   | un material | una nacionalidad |
   | el lugar de un evento | hora y tiempo |

B) Usa **estar** cuando describas:
   | | |
   |---|---|
   | un lugar de origen | formes oraciones progresivas con otros verbos |
   | una emoción que puede variar | una condición especial que puede variar |

Usa la forma correcta de los verbos **ser** o **estar** en las siguientes oraciones.

1. Los pájaros _____ volando al sur por el invierno.

2. Mi trabajo _____ regar las plantas todos los días para ayudar a mi mamá.

3. Las niñas _____ yendo afuera para jugar.

4. ¿_____ viniendo a mi fiesta de cumpleaños el sábado?

5. ¿La hora? _____ las cuatro y veinte.

6. Pedro y Juan _____ excelentes jugadores de béisbol.

7. Mi mamá no _____ en la casa.  Se fue a trabajar.

8. ¡Las flores del campo _____ preciosas!

9. ¿_____ listos para ir al parque?

10. Mi abuelo dice que yo _____ un buen niño.

11. ¿Cuántas personas _____ viniendo al paseo?

12. José _____ de México.  Vino a pasar sus vacaciones a California.

Objetivo: Usar correctamente los verbos "ser" o "estar".

# ¿Qué palabra uso?

**A)** Las formas pasadas de los verbos no necesitan palabras auxiliares. El pasado del verbo "ver" **vi, viste, vio, vimos, vieron**, no necesita un auxiliar.

**Visto** es un participio y sí necesita un auxiliar, que es el verbo "haber". Sus formas presentes son: he, has, ha, hemos, han; sus formas pasadas son había, habías, habíamos, habían.

Conjuga correctamente el verbo "**ver**" en las siguientes oraciones:

1. Ayer yo _____ un payaso muy gracioso en el circo.
2. No era el mismo que yo había _____ en la televisión.
3. Si lo hubieras _____, te hubieras reído.
4. Mi abuelo dijo que nunca había _____ un payaso tan gracioso.
5. La gente lo _____ manejando un simpático carrito por todas partes.
6. Mi papá nunca antes había _____ un payaso de circo.

**B)** Las formas pasadas de los verbos no necesitan palabras auxiliares. El pasado del verbo "venir" **vine, viniste, vino, vinimos, vinieron**, no necesita un auxiliar.

**Venido** es un participio y sí necesita un auxiliar, que es el verbo "haber". Sus formas presentes son: he, has, ha, hemos, han; sus formas pasadas son había, habías, habíamos, habían.

Conjuga correctamente el verbo "**venir**" en las siguientes oraciones:

1. La Sra. Conejo y sus conejitos habían _____ por un largo trecho para llegar a su casa en el bosque.
2. Ellos _____ de un parque de la ciudad de Kansas.
3. La familia había _____ a este nuevo lugar para encontrar un lugar seguro donde vivir.
4. Todos los animales del bosque _____ a darles la bienvenida.
5. ¿Por qué han _____ a nuestro bosque?", preguntó el viejo Sr. Búho.
6. "Hemos _____ para escapar de la gente que puede hacernos daño", respondió la Sra. Conejo.

Objetivo: Conjugar los verbos "ver" y "venir" correctamente.

# ¿Qué palabra uso?

A) Las formas pasadas de los verbos no necesitan palabras auxiliares. El pasado del verbo "hacer" **hice, hiciste, hizo, hicimos, hicieron,** no necesita un auxiliar.

**Hecho** es un participio y sí necesita un auxiliar, que es el verbo "haber". Sus formas presentes son: he, has, ha, hemos, han; sus formas pasadas son había, habías, habíamos, habían.

Conjuga correctamente el verbo "**hacer**" en las siguientes oraciones:

1. Cuando Papá Ratón vio a la lechuza, _____ lo que tenía que hacer.
2. Los ratoncitos _____ exactamente lo que _____ su padre.
3. Los ratones no se detuvieron, e _____ lo mismo hasta que llegaron a un lugar escondido y seguro debajo de unos arbustos.
4. "Lo han _____ muy bien", dijo Papá Ratón a los ratoncitos.
5. Papá Ratón había _____ esto muchas veces para escapar de las afiladas garras de la lechuza.
6. Los ratoncitos decidieron que habían _____ mucho por un día y se fueron a dormir.

B) Las formas pasadas de los verbos no necesitan palabras auxiliares. El pasado del verbo "ir" **fui, fuiste, fue, fuimos, fueron,** no necesita un auxiliar.

**Ido** es un participio y sí necesita un auxiliar, que es el verbo "haber". Sus formas presentes son: he, has, ha, hemos, han; sus formas pasadas son había, habías, habíamos, habían.

Conjuga correctamente el verbo "**ir**" en las siguientes oraciones:

1. La mamá del Dragón Daniel había _____ a la tienda.
2. Se había _____ ya por un largo rato.
3. Daniel _____ por todas partes buscando a su mamá en el vecindario.
4. ¿Dónde se ha _____ mi mamá?, sollozó Daniel.
5. Daniel _____ de arriba a abajo en todas las calles llamando a su mamá.
6. "No llores, Daniel", dijo la Sra. Dragón. "Lamento mucho haberme _____ por tanto tiempo.

Objetivo: Conjugar los verbos "hacer" e "ir" correctamente.

# ¿Qué palabra uso?

**A)** Las formas pasadas de los verbos no necesitan palabras auxiliares. El pasado del verbo "correr" **corrí, corriste, corrió, corrimos, corrieron**, no necesita un auxiliar.

**Corrido** es un participio y sí necesita un auxiliar, que es el verbo "haber". Sus formas presentes son: he, has, ha, hemos, han; sus formas pasadas son había, habías, habíamos, habían.

Conjuga correctamente el verbo "**correr**" en las siguientes oraciones:

1. En nuestro Día de Juegos, yo _____ en dos carreras y gané las dos.
2. He _____ en diferentes tipos de carreras en muchos paseos.
3. Muchas veces también he _____ desde la escuela a mi casa.
4. Los niños _____ rápidamente del mal olor que despide el zorrillo.
5. El perro había _____ alrededor de la casa dos veces, buscando al gato.
6. El caballo negro _____ rápido en todas las carreras.

**B)** Las formas pasadas de los verbos no necesitan palabras auxiliares. El pasado del verbo "comer" **comí, comiste, comió, comimos, comieron**, no necesita un auxiliar.

**Comido** es un participio y sí necesita un auxiliar, que es el verbo "haber". Sus formas presentes son: he, has, ha, hemos, han; sus formas pasadas son había, habías, habíamos, habían.

Conjuga correctamente el verbo "**comer**" en las siguientes oraciones:

1. He _____ diferentes tipos de helado.
2. Ayer me _____ dos emparedados de jamón y queso en el almuerzo.
3. Nunca en mi vida he _____ espinaca.
4. ¿Qué clase de postres has _____?
5. Nuestro gato se ha _____ cada pececito que hemos traído de mascota.
6. En la fiesta, nosotros _____ emparedados y hamburguesas.

Objetivo: Conjugar los verbos "correr" y "comer" correctamente.

# ¿Qué palabra uso?

> **Poder** significa pedir permiso para algo o tener la capacidad de hacer algo.
>
> **Deber** significa obligación de hacer algo.

Escribe los verbos **poder** o **deber** según corresponda, conjugándolos adecuadamente.

1. Mamá, ¿Me _____ comer una galleta, por favor?, preguntó Jorge.
2. Yo _____ hacer mi tarea para estar preparado en el examen.
3. Pedro, ¿Me _____ prestar tus crayones?
4. Las personas _____ respetar la naturaleza y mantener el ambiente limpio.
5. Los niños _____ llegar a clase temprano.
6. Ya _____ salir a jugar con tus amigos.
7. Los niños de mi clase _____ escribir muy bien.
8. Eduardo no _____ pegarle al gato.

**B)**

> Las formas pasadas de los verbos no necesitan palabras auxiliares. El pasado del verbo "dar" **di**, **diste**, **dio**, **dimos**, **dieron**, no necesita un auxiliar.
>
> **Dado** es un participio y sí necesita un auxiliar, que es el verbo "haber". Sus formas presentes son: he, has, ha, hemos, han; sus formas pasadas son había, habías, habíamos, habían.

Conjuga correctamente el verbo "**dar**" en las siguientes oraciones:

1. Nuestro vecino nos ha _____ muchas cosas valiosas.
2. ¿Quién le _____ el plátano al mono?
3. Nosotros le _____ rosas a mi madre por su cumpleaños.
4. La semana pasada, Pedro le _____ algunas manzanas a la cabra.
5. Nuestro profesor nos _____ golosinas por el Día de las Brujas.
6. Mi mamá _____ nuestra ropa usada a personas necesitadas.
7. Todos los alumnos de mi clase _____ comida para ser enviada a gente que vive en países pobres.
8. ¿Cuántos caramelos me has _____?

Objetivo: Usar y conjugar los verbos "poder", "deber" y "dar" correctamente.

# ¿Qué palabra uso?

**A)** Usa **este/esta** o **ese/esa** cuando señales a una persona o una cosa.

Use **estos/estas** o **esos/esas** cuando hables de más de una cosa.

Nunca uses **él/ella** o **ellos/ella** para señalar cosas.

Dentro de los paréntesis, **subraya** la palabra correcta.

1. (**Este, Estos, Ellos**) árboles son muy grandes y hermosos.
2. (**Esta, Estas, Esas**) manzana es más pequeña que el resto de las manzanas del plato.
3. Te hago una carrera hasta (**esos, ellos, estos**) niños que están parados al lado de la pared.
4. De pronto, Susana preguntó "¿Qué es (**esos, ellos, ese**) ruido tan fuerte?"
5. Creo que (**este, estos, ellos**) son mis nuevos mitones rojos.
6. (**Este, Ellos, Esos**) es el camino correcto para llegar a casa.
7. (**Este, Esos, Estos**) niños que están sentados en la banca del parque son los que robaron mi bicicleta.
8. (**Este, Ese**) lápiz rojo es mío y (**ese, este**) azul es tuyo.

**B)** El artículo indeterminado **un, unos, una, unas** se usa cuando el sustantivo del que se habla no es conocido.
**Ejemplo:** **Unos** perros correteaban a **un** gato.

El artículo determinado **el, la, lo, las**, se usa cuando el sustantivo del que se habla es conocido.
**Ejemplo:** **La** cartera de mi mamá.

Escribe el artículo indeterminado (**un, una, unos, unas**) o determinado (**el, la, los, las**) según corresponda.

1. Mi tío es _____ maestro muy exigente.
2. Por lo menos había _____ veinte personas esperando el bus.
3. Mi color favorito es _____ rojo.
4. ¡Mmmm! ¡_____ galletas están deliciosas!
5. No sabía que _____ Sr. Rodríguez estaba de viaje.
6. Encontré _____ lápices que puedes usar para hacer tu tarea.

Objetivo: Usar artículos demostrativos y artículos determinados e indeterminados.

# ¿Qué palabras uso?

**A)** Las formas pasadas de los verbos no necesitan palabras auxiliares. El pasado del verbo "escribir" **escribí, escribiste, escribió, escribimos, escribieron**, no necesita un auxiliar.

**Escrito** es un participio y sí necesita un auxiliar, que es el verbo "haber". Sus formas presentes son: he, has, ha, hemos, han; sus formas pasadas son había, habías, habíamos, habían.

Conjuga correctamente el verbo "**escribir**" en las siguientes oraciones:

1. Se ha _____ muchas historias bonitas sobre mascotas.
2. Francis H. Burnett _____ el libro titulado "El Jardín Secreto".
3. Nosotros _____ pocas cartas mientras estuvimos en Inglaterra.
4. ¿Quién _____ el libro llamado "Tom Sawyer"?
5. Phoebe Gilman ha _____ e ilustrado muchos libros de figuras.
6. Robert Munsch ha _____ muchos cuentos para niños.
7. ¿Has _____ alguna carta a tus abuelos últimamente?
8. Teresa _____ en su diario todos los días al llegar de la escuela.

**B)** Las formas pasadas de los verbos no necesitan palabras auxiliares. El pasado del verbo "romper" **rompí, rompiste, rompió, rompimos, rompieron**, no necesita un auxiliar.

**Roto** es un participio y sí necesita un auxiliar, que es el verbo "haber". Sus formas presentes son: he, has, ha, hemos, han; sus formas pasadas son había, habías, habíamos, habían.

Conjuga correctamente el verbo "**romper**" en las siguientes oraciones:

1. Felipe ha _____ todos sus juguetes nuevos.
2. El florero se _____ al caerse cuando limpiábamos la casa.
3. La terrible tempestad había _____ las ramas de los manzanos.
4. La rueda del vagón se _____ mientras viajábamos por el camino escarpado.
5. El portón de mi casa ha estado _____ por un buen tiempo.
6. ¿Quién _____ mi bola de cristal?, sollozó Ana.
7. Carlos se _____ el brazo cuando se cayó del árbol.
8. ¡Alguien ha _____ un plato de la vajilla china favorita de mamá!

Objetivo: Conjugar los verbos "escribir" y "romper" correctamente.

# Haciendo secuencias de palabras para formar oraciones

Aquí tienes algunos grupos de palabras.

Si se **escriben** en el **orden correcto**, podrás hacer oraciones que hablen sobre el cuento llamado "Juanito y las Cinco Judías".

1. un niño llamado Juanito / vez / Había una

   _____

   _____

2. con su madre / en una pequeña casita / Juanito vivía

   _____

   _____

3. para venderla / llevar la vaca / Juanito tuvo que / al mercado

   _____

   _____

4. a un hombre / Juanito le vendió / a cambio de unas judías mágicas / la vaca

   _____

   _____

5. por la ventana / La madre de Juanito / y las tiró / vio las judías

   _____

   _____

6. una enorme planta / había crecido en el jardín / La mañana siguiente

   _____

   _____

7. trepar / de la planta / Juanito decidió / hasta lo más alto

   _____

   _____

8. a un hermoso castillo / Juanito siguió trepando / que lo conducía / hasta que encontró un camino

   _____

   _____

9. un gigante vivía / La anciana / en el castillo / le dijo a Juanito que

   _____

   _____

10. en el horno / Juanito se escondió / la voz del gigante / cuando escuchó

    _____

    _____

Objetivo: Usar grupos de palabras para escribir oraciones.

# Haciendo secuencias de palabras para formar oraciones

> América del Norte es un continente inmenso.
>
> Escribe oraciones acerca de América del Norte.
>
> **Organiza** las palabras de cada grupo en una **buena** oración.

1. está por Norte compuesta del América países tres

   _____

2. México países se Canadá son Los y encuentran que Estados Unidos Norte en del América

   _____

   _____

3. se en norte la parte Canadá encuentra

   _____

4. Estados Unidos medio el está en

   _____

5. la México encuentra se sur en parte

   _____

6. Norte del América En partes algunas hay y montañas desiertos de

   _____

7. América del Norte fueron Los pueblos que vivieron primeros Inuit los Nativos y en los

   _____

   _____

8. Atlántico está la El en costa este Océano

   _____

9. partes Algunas América del Norte de muy son frías

   _____

10. Océano encuentra Pacífico se la en El costa oeste

    _____

Objetivo: Organizar palabras en oraciones.

# Escribiendo oraciones largas
## Dos en una

La mayoría de las veces usamos oraciones **cortas** cuando escribimos.
Sin embargo, algunas veces es mejor usar oraciones **largas**.

Ejemplo:  Algunos osos cavan grandes agujeros. (Oración corta)
Los osos cavan agujeros bajo la tierra. (Oración corta)
**Algunos osos cavan grandes agujeros bajo la tierra.** (Oración larga)

Une cada par de oraciones cortas para hacer una oración larga.

1. Los castores tienen dientes muy filudos.  Sus dientes son fuertes.
   _____

2. El cardenal es un pájaro de color rojo.  Es muy bonito.
   _____

3. Los puercoespines tienen púas puntiagudas.  Las púas están en sus colas.
   _____

4. Los osos polares tienen piel caliente.  Su piel está cubierta de pelo.
   _____

5. Las ardillas comen nueces en el invierno.  También comen semillas.
   _____

6. El pájaro carpintero hace orificios en los árboles con su pico.  Su pico es puntiagudo.
   _____
   _____

7. Las almizcleras construyen sus propias casas.  Las construyen con paja, hojas y raíces.
   _____
   _____

8. La jirafa es un animal alto.  Es el animal más alto del mundo.
   _____
   _____

9. Los conejos viven en agujeros.  Viven muy profundo debajo de la tierra.
   _____
   _____

10. Las vacas viven en el granero durante el invierno.  Los caballos viven allí también.
    _____
    _____

Objetivo: Combinar dos oraciones en una sola.

# Escribiendo oraciones largas

## Tres en una

Usualmente escribimos oraciones cortas acerca de cosas.
Algunas veces es mejor usar oraciones largas.

Ejemplo:  Tengo un tobogán nuevo.
Mi padre y mi madre me lo regalaron.
Es de color verde.

*Mi padre y mi madre me regalaron un tobogán nuevo
de color verde.*

¿Cómo unirías las siguientes oraciones para hacer una sola oración larga?
No uses la palabra "y".

1. Mi mamá me hizo un vestido.  Es muy bonito.  Es de color amarillo pálido.
   _____
   _____

2. Tengo un perro.  Es inteligente.  Mi perro hace trucos.
   _____

3. Vi huellas en la nieve.  Las hizo una ardilla.  Hay muchas ardillas por la puerta
   trasera de nuestra casa.
   _____
   _____

4. El sábado jugué al avión.  Jugué con María.  Jugamos en la entrada de
   mi casa.
   _____
   _____

5. Caminábamos por el bosque.  Vimos algunas mariposas.  Eran de colores.
   _____
   _____

6. Vimos un payaso.  Era gracioso.  Manejaba una bicicleta diminuta.
   _____
   _____

7. Fui a patinar.  Fui al estanque.  Fui con Sara.
   _____
   _____

8. Silvia tiene una potra.  Se llama Estrella.  Le gusta comer manzanas.
   _____
   _____

Objetivo: Escribir oraciones largas usando oraciones cortas.

# ¿Qué es una pregunta?

Una pregunta es una oración que pregunta sobre algo. También se le conoce como **oración interrogativa**.

Las preguntas comienzan con un signo de interrogación (¿) que abre la pregunta, seguido de una letra mayúscula y termina con un signo de interrogación (?) que cierra la pregunta.

**Ejemplo:** ¿Quién recibió al cartero en la puerta?

**Encierra en un círculo** las oraciones que son preguntas.

1. ¿Por qué los niños estaban tan entusiasmados cuando miraban la parada?

2. Debemos caminar en las vías peatonales de un pueblo o una ciudad.

3. ¿Por qué no debes manejar tu bicicleta en las vías peatonales?

4. ¿A dónde viajan las aves en el otoño?

5. Cuando el granjero aró la tierra, los gusanos salieron de sus escondrijos.

6. ¿Le escribiste una carta a Santa Claus este año?

7. ¿Por qué Juanito estaba triste al principio de la historia?

8. Ayer ayudé a mi abuelo a recolectar manzanas en su huerto de manzanos.

9. ¿Por qué las hermanas de la Cenicienta estaban avergonzadas de ellas mismas?

10. Nuestro perro iba ladrando y corriendo a lo largo de la cerca persiguiendo a un conejo.

Escribe **tres preguntas** en las líneas en blanco.

_____

_____

_____

Escribe **tres oraciones** en las líneas en blanco.

_____

_____

_____

Objetivo: Clasificar oraciones como enunciativas o interrogativas.

# Escribiendo preguntas

Escribe **tres** buenas preguntas acerca de las figuras que vez en los recuadros. No olvides usar el **signo de interrogación que abre la pregunta (¿)** seguido de una **mayúscula** y el **signo de interrogación que cierra la pregunta (?)** al final.

1. _____

2. _____

3. _____

1. _____

2. _____

3. _____

1. _____

2. _____

3. _____

1. _____

2. _____

3. _____

Objetivo: Escribir buenas preguntas acerca de una figura.

# ¿Qué es una oración exclamativa?

Una oración **exclamativa** expresa emoción o sentimientos fuertes.

Al principio de la oración exclamativa, se coloca un **signo de admiración que abre la oración exclamativa (¡)** y al final se coloca un **signo de admiración que cierra la oración exclamativa (!)**

Ejemplos:   ¡Qué pena que perdieron el juego!
¡Dios mío, qué orejas tan grandes tiene tu conejo!

Encierra en un círculo las oraciones de abajo que sean oraciones **exclamativas**.

1. ¡Qué viaje tan largo hicieron!

2. ¿Cuántos pilotos hay en un avión?

3. ¿Cuál es el título del poema que escribiste?

4. Dos cerditos corrían de arriba a abajo en el lodo.

5. ¡Qué sorpresa se llevó el zapatero al día siguiente!

6. ¡Qué ruido más curioso escucho en la concha de mar!

7. ¡Obtuve el primer lugar en el concurso de caligrafía!

8. ¿Qué tan peligrosas son las serpientes con manchas negras?

9. "¡Una serpiente! ¡Una serpiente!", gritó.  "¡Corre, Juan, corre!"

10. María y Juan soltaron sus flores y corrieron a casa.

    Escribe **cuatro** oraciones exclamativas en las líneas de abajo.

    _____

    _____

    _____

    _____

    _____

Objetivo: Reconocer oraciones exclamativas.

# Escribiendo oraciones exclamativas

Escribe **oraciones exclamativas** que hablen sobre las figuras de los recuadros usando las palabras que se te da entre paréntesis. No olvides usar los **signos de admiración** al principio y al final de la oración y empezar la oración con letra **mayúscula**.

1. (circo, payaso) _____

_____

2. (gente, riéndose) _____

_____

3. (trucos, riéndose) _____

_____

1. (niño, soplar) _____

_____

2. (reventó, globo) _____

_____

3. (goma, jugosa) _____

_____

1. (fantasma, vi) _____

_____

2. (gritó, buuu) _____

_____

3. (ventana, encantada) _____

_____

1. (encantada, casa) _____

_____

2. (da miedo, bruja) _____

_____

3. (murciélagos, arañas) _____

_____

Objetivo: Escribir oraciones exclamativas.

© On The Mark Press

# ¿Qué es una oración imperativa?

Las oraciones que nos dicen que debemos hacer algo o que nos dan una orden se llaman oraciones **imperativas**. Toma nota que una orden u oración imperativa puede expresarse amablemente usando la palabra "por favor".

**Ejemplo:** Juan, por favor abre la puerta.

Encierra en un círculo las oraciones que son una oración imperativa.

1. Caminen despacio, niños, y mantengan su derecha al pasar por el pasadizo.

2. En la víspera de Navidad, Santa Claus estaba demasiado enfermo para dejar los regalos.

3. ¿Por qué los niños tiraron las calabazas sobre el cerco?

4. Por favor no hablen en el pasadizo.

5. Tienes que comerte todos los vegetales de tu plato.

6. Papá está hablando por teléfono con alguien.

7. No comas galletas de chocolate.

8. ¿Dónde construyen sus nidos los cuervos?

9. ¡Mira todos los copitos de nieve!

10. Por favor sostén con cuidado al bebé mientras bajas las escaleras.

Escribe **tres** oraciones imperativas en las líneas de abajo.

_____

_____

_____

_____

_____

Objetivo: Reconocer oraciones imperativas.

# Escribiendo oraciones imperativas

Escribe una oración imperativa relacionada con cada figura.  Recuerda que una oración imperativa te dice algo que tienes que hacer o te da una orden.

1. Escribe una oración imperativa respecto a cómo viajar en el bus escolar.

   _____

   _____

2. Escribe una oración imperativa respecto a cómo viajar en un auto.

   _____

   _____

3. Escribe una oración imperativa respecto a cómo cuidar tus dientes.

   _____

   _____

4. Escribe una oración imperativa respecto a jugar con cerillas.

   _____

   _____

5. Escribe una oración imperativa respecto a cómo usar las tijeras.

   _____

   _____

6. Escribe una oración imperativa que se use en la escuela.

   _____

   _____

7. Escribe una oración imperativa respecto a nadar.

   _____

   _____

Objetivo: Escribir oraciones imperativas.

# ¿Qué clase de oración es?

Existen cuatro clases de oraciones: oraciones **enunciativas**, oraciones **imperativas**, oraciones **exclamativas** y oraciones **interrogativas**.

En la línea en blanco que se encuentra al final de cada oración, escribe el tipo de oración que corresponda.

| enunciativa, imperativa, exclamativa, interrogativa |
| --- |

1. ¿Qué te gustaría tomar en el desayuno? _____

2. Deja tus botas en la puerta trasera, por favor. _____

3. El diminuto picaflor toma el néctar de las flores de estambres largos.
_____

4. ¡Qué hermoso vestido el que llevas puesto! _____

5. Tiende tu cama ahora mismo, por favor. _____

6. ¿Te gusta leer libros que hablan sobre el espacio exterior? _____

7. ¡Qué contento estaba por haber ganado el primer premio! _____

8. Por favor tráeme un vaso con agua. _____

9. Ya había anochecido cuando llegó papá. _____

10. ¡Qué sorpresa me llevé cuando vi el enorme pastel de cumpleaños en la mesa!
_____

11. ¿Qué tipo de galletas estás horneando para la fiesta del Día de Brujas?
_____

12. Siempre cruza las calles con más tráfico en donde haya semáforos.
_____

13. "¡Ayúdenme! ¡No sé nadar!, gritó la asustada niñita. _____

# Escribiendo oraciones largas

Algunas veces escribimos demasiadas oraciones **cortas**. Con frecuencia, estas oraciones cortas pueden escribirse como una sola oración **larga**.

Ejemplos:  a)  Algunos osos cavan grandes agujeros. Los osos cavan agujeros bajo la tierra.
b)  Algunos osos cavan grandes agujeros bajo la tierra.

Escribe cada par de oraciones en una sola oración larga en las líneas de abajo.

1. Los zorros cazan en el invierno.  Cazan buscando comida.

   _____

2. El pájaro carpintero hace orificios en los árboles con su pico.  Su pico es puntiagudo.

   _____

3. Los elefantes tienen trompas.  Sus trompas son largas y arrugadas.

   _____

4. La jirafa es un animal alto.  Es el animal más alto del mundo.

   _____

5. Las almizcleras construyen sus propias casas.  Las construyen con paja, hojas y raíces.

   _____

6. Los osos polares tienen piel caliente.  Su piel está cubierta de pelo.

   _____

7. Los castores tienen dientes muy filudos.  Sus dientes son fuertes.

   _____

8. Las urracas son unas aves grandes.  Son bonitas.

   _____

9. Las ardillas comen nueces en el invierno. También comen semillas.

   _____

10. Los puercoespines tienen púas puntiagudas.  Las púas están en sus colas.

   _____

Objetivo: Escribir oraciones largas.

# Las oraciones pueden ser demasiado largas

Si la oración es **muy** larga, no es muy fácil de leer.

Ejemplo:  Mi papá maneja un camión que lleva autos a las ciudades y es también un camión muy grande.
*Mi papá maneja un camión grande que lleva autos a las ciudades.*

Escribe una mejor oración que sea más corta para cada oración larga y rara.

1. Mi papá trabaja en una estación de gasolina y trabaja rápidamente cuando un auto llega a la estación de gasolina.

2. María plantó un jardín y en ese jardín plantó semillas de flores y semillas de vegetales.

3. La Sra. Pérez tenía unos gatitos y eran bonitos y blancos.

4. El manzano estaba lleno de manzanas y las manzanas eran grandes y rojas.

5. El anciano zapatero hizo zapatos para vender así que hizo unos de color rojo, unos de color verde y otros de color negro.

6. El loro que estaba en la tienda de animales podía hablar y era grande y verde.

7. El árbol tenía muchas hojas y las hojas eran de colores.

8. Vimos pasar la parada y era la Parada de Santa Claus.

Objetivo: Acortar oraciones largas.

# Oraciones descriptivas

Escribe **cinco** buenas oraciones acerca de cada figura.

No olvides usar letra **mayúscula** en la primera palabra y un **punto** al final de cada oración.

Objetivo: Escribir buenas oraciones descriptivas acerca de una figura.

# Oraciones descriptivas

Escribe **cinco** buenas oraciones acerca de cada figura.
No olvides usar letra **mayúscula** en la primera palabra y un **punto** al final de cada oración. Usa un comienzo diferente para cada caso.

Objetivo: Escribir buenas oraciones descriptivas acerca de una figura.

OTM-2536  ISBN: 9781770788053

126

# Respuestas

## Página 99:
Las oraciones que se subrayan son:
**1**; **3**; **4**; **7**; **9**

## Página 100:
Todas las oraciones deben empezar con letra mayúscula y terminar con un punto.

## Página 101:
Respuestas diferentes.

## Página 102:
Respuestas diferentes.

## Página 103:
Respuestas diferentes.

## Página 104:
Respuestas diferentes.

## Página 105:
1. estaban
2. es
3. están
4. Estás
5. Son
6. son
7. está
8. son
9. Están
10. soy
11. están
12. es

## Página 106:
A)
1. vi
2. visto
3. visto
4. visto
5. vio
6. visto

B)
1. venido
2. vinieron
3. venido
4. vinieron
5. venido
6. venido

## Página 107:
A)
1. hizo
2. hicieron, hacía
3. hicieron
4. hecho
5. hecho
6. hecho

B)
1. ido
2. ido
3. fue
4. ido
5. fue
6. ido

## Página 108:
A)
1. corrí
2. corrido
3. corrido
4. corrieron
5. corrido
6. corrió

B)
1. comido
2. comí
3. comido
4. comido
5. comido
6. comimos

## Página 109:
A)
1. puedo
2. debo
3. puedes
4. deben
5. deben
6. puedes
7. pueden
8. debe

B)
1. dado
2. dio
3. dimos
4. dio
5. dio
6. dio
7. dieron
8. dado

## Página 110:
A)
1. Estos
2. Esta
3. esos
4. ese
5. estos
6. Este
7. Esos
8. Este, ese

B)
1. un
2. unas
3. el
4. las
5. el
6. unos

## Página 111:
A)
1. escrito
2. escribió
3. escribimos
4. escribió
5. escrito
6. escrito
7. escrito
8. escribe

B)
1. roto
2. rompió
3. roto
4. rompió
5. roto
6. rompió
7. rompió
8. roto

## Página 112:
1. Había una vez un niño llamado Juanito.
2. Juanito vivía con su madre en una pequeña casita.
3. Juanito tuvo que llevar la vaca al mercado para venderla.
4. Juanito le vendió la vaca a un hombre a cambio de unas judías mágicas.
5. La madre de Juanito vio las judías y las tiró por la ventana.
6. La mañana siguiente una enorme planta había crecido en el jardín.
7. Juanito decidió trepar hasta lo más alto de la planta.
8. Juanito siguió trepando hasta que encontró un camino que lo conducía a un hermoso castillo.
9. La anciana le dijo a Juanito que un gigante vivía en el castillo.
10. Juanito se escondió en el horno cuando escuchó la voz del gigante.

## Página 113:
1. América del Norte está compuesta por tres países.
2. Los países que se encuentran en América del Norte son Canadá, Estados Unidos y México.
3. Canadá se encuentra en la parte norte.
4. Estados Unidos está en el medio.
5. México se encuentra en la parte sur.
6. En algunas partes de América del Norte hay montañas y desiertos.
7. Los primeros pueblos que vivieron en

América del Norte fueron los Inuit y los Nativos.

8. El Océano Atlántico está en la costa este.
9. Algunas partes de América del Norte son muy frías.
10. El Océano Pacífico se encuentra en la costa oeste.

### Página 114:

1. Los castores tienen dientes muy filudos y fuertes.
2. El cardenal es un pájaro bonito de color rojo.
3. Los puercoespines tienen púas puntiagudas en sus colas.
4. Los osos polares tienen piel caliente cubierta de pelo.
5. Las ardillas comen nueces y semillas en el invierno.
6. El pájaro carpintero hace orificios en los árboles con su pico puntiagudo.
7. Las almizcleras construyen sus propias casas con paja, hojas y raíces.
8. La jirafa es el animal más alto del mundo.
9. Los conejos viven en agujeros profundos debajo de la tierra.
10. Las vacas y los caballos viven en el granero durante el invierno.

### Página 115:

1. Mi mamá me hizo un bonito vestido de color amarillo pálido.
2. Tengo un perro inteligente que hace trucos.
3. Vi huellas de ardilla en la nieve por la puerta trasera de nuestra casa.
4. El sábado jugué al avión con María en la entrada de mi casa.
5. Cuando caminábamos por el bosque vimos mariposas de colores.
6. Vimos un payaso gracioso que manejaba una bicicleta diminuta.
7. Fui a patinar al estanque con Sara.
8. La potra de Silvia que se llama Estrella adora comer manzanas.

### Página 116:

Las oraciones que se encierran en un círculo son: 1; 3; 4; 6; 7; 9

### Página 117:

Respuestas diferentes.

### Página 118:

Las oraciones que se encierran en un círculo son: 1, 5, 6, 7, 9

### Página 119:

Respuestas diferentes.

### Página 120:

Las oraciones que se encierran en un círculo son: 1, 4, 5, 7, 10

### Página 121:

Respuestas diferentes.

### Página 122:

1. Interrogativa
2. Imperativa
3. Enunciativa
4. Exclamativa
5. Imperativa
6. Interrogativa
7. Exclamativa
8. Imperativa
9. Enunciativa
10. Exclamativa
11. Interrogativa
12. Imperativa
13. Exclamativa

### Página 123:

1. Los zorros cazan buscando comida en el invierno.
2. El pájaro carpintero hace orificios en los árboles con su pico puntiagudo.
3. Los elefantes tienen trompas largas y arrugadas.
4. La jirafa es el animal más alto del mundo.
5. Las almizcleras construyen sus propias casas con paja, hojas y raíces.
6. Los osos polares tienen piel caliente cubierta de pelo.
7. Los castores tienen dientes muy filudos y fuertes.
8. Las urracas son unas aves grandes y bonitas.
9. Las ardillas comen nueces y semillas en el invierno.
10. Los puercoespines tienen púas puntiagudas en sus colas.

### Página 124:

Respuestas diferentes.

### Página 125:

Respuestas diferentes.

### Página 126:

Respuestas diferentes.

 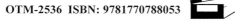

# Composición de Historias

*Composición de Historias* es un recurso efectivo para la enseñanza o estudio de cómo redactar historias. Las actividades consideradas en este libro fomentan la práctica en los siguientes conceptos: identificación de la idea principal, identificación de la oración temática, identificación y escritura de instrucciones, y conclusión de una historia con detalles sustentatorios.

## Cuadernos de trabajo en español

### Fundamentos de lenguaje y matemática para:

- ESI (Español como Segundo Idioma)

¡Felicitaciones por la compra de esta valiosísima fuente de aprendizaje! Aquí tiene usted una serie en español para educadores y padres lista para usar. Estos libros de trabajo los puede utilizar para enseñar, revisar y reforzar las habilidades básicas de lenguaje. Compuesto por material basado en currículos escolares de lectura, lenguaje y matemática, estos libros de trabajo son ideales para estudiantes que están aprendiendo inglés y/o español como primer o segundo idioma.

Las actividades de esta serie se han traducido del inglés al español tratando de mantener la mayor similitud posible, intentando lograr un enfoque de "traducción directa". Este enfoque se ha mantenido en todas las actividades principales y, en los casos en los que no se pudo hacer una traducción directa debido a las diferencias lingüísticas, se optó por la "adaptación" de las actividades. Esta serie ofrece hojas de trabajo que ayudarán a su niño a desarrollar una sólida comprensión de los conceptos básicos en matemática, lectura y lenguaje en español.

# ¿Qué es un párrafo?

El **párrafo** es un conjunto de oraciones que relatan un mismo asunto.

## Ejemplo:

Juan viajó un largo trecho con su familia para llegar a su casa nueva en nuestra ciudad.  Juan antes vivía en un pueblo pesquero de la costa occidental.  Algunas veces salía a pasear en un bote pesquero.

# Consejos para escribir un párrafo

1. Haz una *sangría* en la primera oración de cada párrafo.

2. Deja un *espacio* entre cada línea.

3. Un párrafo debe tener un buen *comienzo* u oración *temática.*  La *oración* u *oraciones que componen el cuerpo* del párrafo deben hablar acerca de la oración temática.  La *última* oración concluye el párrafo.

4. Cada una de las oraciones que componen el párrafo deben empezar con *letra mayúscula* y terminar con un *punto.*

5. Una historia puede estar compuesta por *un párrafo* o por *muchos párrafos.*

6. Un párrafo describe *un tema* u *asunto.*

## ¿Cuál es la idea principal?

**Lee** cada párrafo cuidadosamente y **subraya** la idea **principal** de cada uno de ellos.

| | |
|---|---|
| **A)  Enseñando a los osos bebés**<br><br>Una osa negra madre dedica dos años de su vida a adiestrar a sus crías. La primera lección que les enseña es cómo trepar un árbol cuando hay un peligro cercano. Luego les enseña cómo pescar en el medio del río. | **D)  Jugando a vestirse**<br><br>El sábado pasado llovió todo el día y mi hermanita y yo tuvimos que quedarnos en casa. Mi mamá nos dejó jugar a vestirnos con algunos vestidos y zapatos suyos que ya no usaba. Cuando mi mamá no se dio cuenta, mi hermanita y yo nos pusimos un poco de su lápiz de labios. A mi mamá no le gustó nada el que usáramos su lápiz de labios e hizo que nos laváramos la cara. |
| **B)  Señales del advenimiento de la primavera**<br><br>Cuando iba camino a la escuela vi muchas señales del advenimiento de la primavera. Los narcisos se mecían en los jardines. Una mamá petirrojo llevaba pasto en el pico para su nido. Un jardinero estaba plantando algunos arbustos en tierra fresca. El pasto se estaba tornando verde. | **E)  Un extraño sueño**<br><br>Hoy hice un dibujo de un sueño muy extraño que tuve anoche. Estaba visitando una tierra que se encontraba en el fondo del mar. Allí crecían enormes algas verdes. Los árboles de coral rosado se alzaban a través del agua azul. De pronto, vi unos peces de colores que nadaban cerca de mí. Cuando intenté tocarlos, me desperté. |
| **C)  El nido escondido**<br><br>Al lado del cobertizo del Sr. Pérez en el Río Salmón, una mamá pato había construido un gran nido. El nido se escondía tras unos arbustos pequeños y frondosos. En el nido, la mamá pato dejó diez huevos moteados. Las alas de la mamá pato cubrían completamente los huevitos cuando se posaba en el nido. El color de sus alas se confundía con la tierra, haciéndola difícil de divisar. | **F)  El lugar secreto**<br><br>Emilia tenía un lugar secreto donde esconderse en su casa. Este lugar secreto era el ático. A Emilia le gustaba ir al ático y jugar con todos los juguetes que estaban guardados en los viejos baúles. Algunas veces Emilia miraba a través de la ventana y veía a las personas que vivían en su calle. |

Objetivo: Ubicar la idea principal en el párrafo.

# ¿Cuál es la idea principal?

Lee cada párrafo cuidadosamente y **subraya** la **idea principal** de cada uno de ellos.

---

**A)** **La primera nieve**

El sábado en la mañana miré por la ventana y vi que caían copos de nieve. Salté y salté de alegría. Me vestí rápidamente y salí corriendo a la calle. El mundo se veía hermoso y brillantemente blanco. Cada árbol estaba cubierto de nieve.

**D)** **Lombrices de tierra**

Las lombrices de tierra son unos animales muy pequeños. Hay cientos de lombrices de tierra en el suelo. Las lombrices de tierra remueven el suelo mientras se van desplazando por la tierra. Después de una lluvia, las lombrices salen a la superficie, donde los petirrojos esperan para atraparlas.

---

**B)** **Problema de ratones**

Los ratones del establo tenían un problema con el gato del granjero. El gato estaba matando a muchos de sus amigos. Un ratón sugirió atar una campana alrededor del cuello del gato. Cuando la campana sonase, los ratones escucharían acercarse al gato y tendrían tiempo de meterse en sus ratoneras.

**E)** **Duendes**

Existen muchos tipos de duendes. Algunos duendes viven en el agua, mientras que otros viven en las profundidades de las montañas noruegas. Por lo general, los duendes son muy feos y tienen los ojos tan grandes como platos. Algunos son pequeños, y otros son tan grandes como gigantes.

---

**C)** **Azúcar de arce**

El árbol de arce sólo crece en América del Norte. Nadie sabe cuándo se descubrió que con su savia se podía hacer azúcar de arce. Lo único que sabemos es que los nativos de la región descubrieron el secreto hace mucho, mucho tiempo.

**F)** **Seda de araña**

La tela de araña está hecha de una seda elaborada por la araña hembra. La araña hembra puede hacer hasta cinco o seis diferentes tipos de seda. Algunas sedas son suaves y otras son de diferentes colores. La araña usa un tipo de seda para atrapar insectos, otro tipo para envolver sus huevos y otro tipo para caminar sobre ellas y capturar a los insectos atrapados.

---

Objetivo: Ubicar la idea principal en el párrafo.

## ¿Qué es la oración temática?

La **oración temática** es la primera oración del párrafo que dice la **idea principal**.

**Lee** los detalles de cada uno de los recuadros de abajo. Luego, ubica la **mejor** oración temática que concuerde con los detalles. **Escribe** la oración temática en las líneas en blanco de cada recuadro.

*Recolectar manzanas es divertido.*
*Los castores estaban ocupados talando árboles.*
*Los peces son fáciles de cuidar.*
*Las niñas jugaban durante el recreo.*
*Al viento le gusta jugarnos trucos en el otoño.*
*El hockey es un juego entretenido.*

| | |
|---|---|
| 1. tomar un palo de hockey<br>tirar a la red<br>hacer un gol<br>todos vitorean | 3. rastrillar las hojas<br>hacer tres pilas de hojas<br>el viento viene<br>las hojas salen volando<br><br>_____<br><br>_____ |
| 2. en la granja<br>recolectar manzanas<br>colocarlas en una canasta<br>comer una gran manzana roja<br><br>_____<br><br>_____ | 4. vaciar la pecera<br>poner el pez en un plato<br>limpiar las piedras<br>colocar agua fresca<br><br>_____<br><br>_____ |

## ¿Qué es la oración temática?

La **oración temática** es la primera oración del párrafo que dice la **idea principal**.

**Lee** los detalles de cada uno de los recuadros de abajo. Luego, ubica la **mejor** oración temática que concuerde con los detalles. **Escribe** la oración temática en las líneas al final de cada recuadro.

*Había una vez un viejo autobús escolar.*
*Me encanta jugar al avión en el recreo.*
*El zorrillo es casi del tamaño de un gato.*
*Los niños estaban jugando béisbol en el parque.*
*El paro es un ave pequeñita de color gris.*
*El mapache utiliza sus patas como si fuera una persona.*

1. orejas y ojos pequeños
buen sentido del oído
no puede ver bien
es negro con una raya blanca

_____
_____

3. penacho y pecho negros
le encanta el invierno
canta chi-ca-di-dí
come grasa de pella y semillas

_____
_____

2. sostiene la comida con sus patas
enjuaga la comida en el agua
la comida es más fácil de comer
caza durante la noche

_____
_____

4. ya nadie lo conduce
llora todo el día
se siente solo
extraña a los niños

_____
_____

Objetivo: Ubicar la oración temática que concuerde con los detalles sustentatorios dados.

*Composición de Historias*

# Escribe una oración temática

**Lee** cuidadosamente los detalles que se presentan en cada recuadro. Luego **escribe** una buena oración temática en las líneas en blanco.

---

**Detalles:**    vuela durante el día
              visita los jardines de flores
              es de color amarillo y negro
              zumba y es rechoncha

**Oración temática:**

_____

_____

---

**Detalles:**    cuelgan las luces en las ramas del árbol
              adornan con guirnaldas el árbol
              colocan las decoraciones
              encienden las luces

**Oración temática:**

_____

_____

---

**Detalles:**    alas ásperas
              cuerpo peludo
              vuela en las noches
              caza insectos pequeños

**Oración temática:**

_____

_____

Objetivo: Componer una oración temática que concuerde con los detalles dados.

OTM-2536 ISBN: 9781770788053      135      © On The Mark Press

# Detalles sustentatorios

Algunas veces tendemos a colocar demasiados detalles en nuestros cuentos que no están relacionados con la oración temática.

**Lee** cuidadosamente cada párrafo y luego **subraya** la oración que no pertenece al tema.

### A) Mi mascota

Mi mascota es un pececito que se llama Goldie. Me gusta mirarlo nadar en su pecera. Pareciera que nunca se mareara. Mi perro también puede correr rápido. Cuando pongo comida en el agua, Goldie se emociona mucho y nada por todos lados.

### B) El advenimiento de la primavera

En la primavera, cae una lluvia tibia y el sol brilla resplandeciente en el cielo. Muchos seres vivientes comienzan a moverse y a crecer. Los árboles pierden sus hojas. La sábila fluye en los árboles. Las flores sonríen y se mecen en los jardines.

### C) La fiesta de cumpleaños

La fiesta de cumpleaños de Anita fue el viernes después de la escuela. Anita había invitado a algunos de sus amigos. La mesa estaba decorada con flores amarillas y tarjetitas. Su pastel tenía nueve velas. Llevé a mi perro a dar un largo paseo. Participamos en varios juegos y cantamos mucho.

### D) Alimentando a nuestras aves en invierno

Nuestro salón de clases está cerca de una colina que tiene arbustos y árboles perennes. Es un buen lugar para observar pájaros. En el umbral de la ventana, ponemos semillas, terrones, grasa de pella y maíz seco. Disfrutamos ver a los castores cortando los árboles. Nuestro comedero se llena de cardinales, urracas y paros.

### E) Cómo cazan las lechuzas

Las lechuzas usan sus patas para agarrar comida. A los cuervos les gusta comer maíz. Sus patas son fuertes y tienen garras muy filudas. Las lechuzas cazan al ponerse el sol. Vuelan cerca de la tierra buscando animales pequeños. Cuando ven un animal, vuelan hacia él y lo atrapan con sus poderosas garras.

### F) Buscando comida

El petirrojo papá andaba buscado comida. Primero dirigió su cabeza hacia un lado. Luego dirigió su cabeza hacia el otro. Minino era el gatito de Beatriz. Podía escuchar a las lombrices moviéndose debajo de la tierra. De pronto, una lombriz asomó su cabeza fuera de un agujero. El petirrojo rápidamente lo agarró.

Objetivo: Identificar los detalles que no pertenecen al tema.

# Composición de detalles sustentatorios

**Lee** la oración de la idea principal.  Luego escribe **cuatro** detalles sustentatorios.

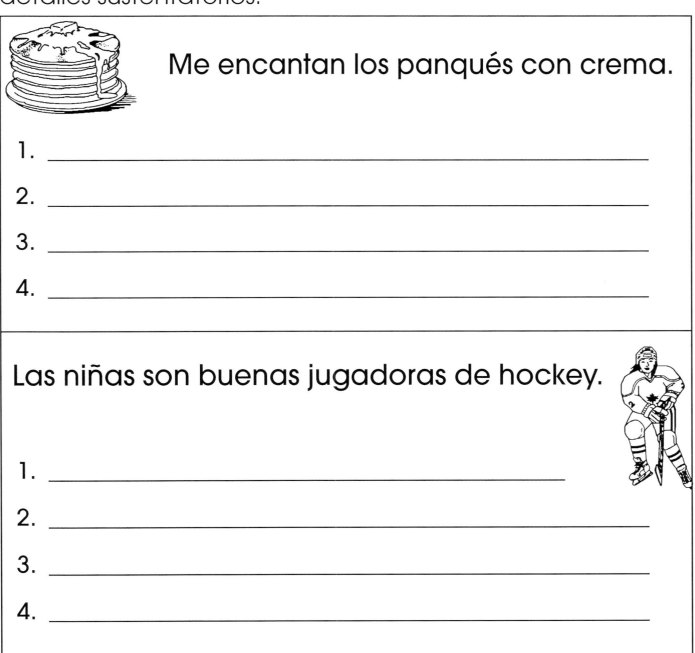

## Me encantan los panqués con crema.

1. _____

2. _____

3. _____

4. _____

## Las niñas son buenas jugadoras de hockey.

1. _____

2. _____

3. _____

4. _____

Objetivo: Dar ideas y escribir detalles sustentatorios.

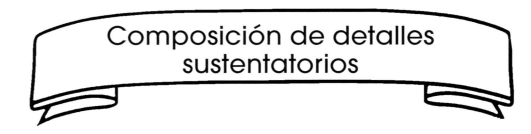

# Composición de detalles sustentatorios

**Lee** la oración de la idea principal. Luego escribe **cuatro** detalles sustentatorios.

El hipopótamo también es conocido como el "caballo de río".

1. _____
2. _____
3. _____
4. _____

Mi mamá me enseñó a tender mi cama.

1. _____
2. _____
3. _____
4. _____

Objetivo: Dar ideas y escribir detalles sustentatorios.

*Composición de Historias*

# Oraciones de enlace

Las oraciones de un párrafo o una historia se deben escribir siguiendo cierto orden, de tal manera que tengan sentido.

En cada uno de los siguientes recuadros, **enumera** las oraciones en el orden correcto para contar una historia. Emplea los números 1, 2, 3 y 4.

**A)**

_____ El tercer Macho Cabrío embistió al duende, lanzándolo por el puente.

_____ Un horrible duende no dejaba que nadie cruzara su puente.

_____ El tercer Macho Cabrío quería cruzar el puente.

_____ El primer y el segundo Macho Cabrío burlaron al duende y pudieron cruzar el puente.

**B)**

_____ La Liebre partió rápidamente y en poco tiempo ya estaba bastante lejos de la Tortuga, así que decidió tomar un pequeño descanso.

_____ Cuando la Liebre despertó, vio que la Tortuga ya estaba cruzando la meta.

_____ La Liebre siempre se burlaba de lo lento que caminaba la Tortuga, así que decidieron hacer una carrera.

_____ Mientras la Liebre dormía, la Tortuga la pasó.

**C)**

_____ Ricitos de Oro rompió la silla del Osito y se quedó dormida en su cuna.

_____ Se comió todo el potaje del Osito.

_____ Los Tres Osos regresaron a su casa y la asustaron.

_____ Ricitos de Oro entró a la casa de los osos para curiosear.

Objetivo: Unir las oraciones en secuencia, en el orden correcto.

*Composición de Historias*

# Oraciones de enlace

Las oraciones de un párrafo o una historia se deben escribir siguiendo cierto orden, de tal manera que tengan sentido.

Copia cada grupo de oraciones que están en los recuadros en el orden correcto para crear una historia o un párrafo. Escribe claramente en las líneas de abajo.

**A)**

La Mamá Petirrojo dejó tres huevos azules en el nido.
En poco tiempo, salieron tres petirrojos bebés de los cascarones.
Se sentó sobre los huevos para mantenerlos calientes.
Los petirrojos estaban muy ocupados construyendo su nido con ramitas y pasto.

_____
_____
_____
_____
_____
_____

**B)**

Finalmente, Pablo se puso de camino a la escuela.
Luego tomó desayuno.
La alarma de Pablo sonó y él se despertó.
Se levantó y se vistió rápidamente.

_____
_____
_____
_____
_____
_____

Objetivo: Enlazar oraciones para crear una historia o un párrafo.

# Composición de una historia descriptiva

## Mi comida favorita

Me encanta comer _____

_____

(Describe su apariencia.)

_____

(Describe su olor.)

_____

_____

(Describe su sabor.)

_____

Escribe otro párrafo que hable sobre la comida que no te gusta comer. Sigue el mismo orden. Subraya tu oración temática.

_____

_____

_____

_____

_____

_____

_____

_____

Objetivo: Desarrollar una historia descriptiva utilizando un modelo.

OTM-2536  ISBN: 9781770788053

## Composición de una historia descriptiva

## Mi juguete favorito

Me encanta jugar con _____

_____

(Describe su apariencia.)

_____

(Describe cómo se mueve o cómo funciona.)

_____

_____

(Describe qué sientes con tu juguete.)

_____

_____

_____

Escribe acerca de otro juguete con el que también te guste jugar. Sigue el mismo orden. Subraya tu oración temática.

_____

_____

_____

_____

_____

_____

Objetivo: Desarrollar una historia descriptiva utilizando un modelo.

# Composición de una historia descriptiva

## Mi mejor amigo(a)

Mi mejor amigo(a) es _____

_____

(Describe la apariencia de tu mejor amigo(a).)

_____

_____

(Describe las cosas que les gusta hacer juntos.)

_____

_____

_____

(Explica por qué es tu mejor amigo(a).)

_____

_____

---

Escribe acerca de algún miembro de tu familia al que realmente quieras mucho.  Puede ser un tío, una tía, un abuelo, una abuela, un primo o una prima.  Sigue el mismo orden.  Subraya tu oración temática.

_____

_____

_____

_____

_____

Objetivo: Desarrollar una historia descriptiva utilizando un modelo.

# Composición de una historia narrativa

## El día más feliz de mi vida

¿Alguna vez has estado tan contento que sentías que ibas a explotar si no le decías a alguien lo que te pasó?

Una vez me sentí así, cuando _____

_____

_____

Así que corrí a decírselo a _____

porque _____

_____

_____

Describe la vez que te hayas sentido tan enojado que hayas querido gritar. Sigue el mismo orden o trata de escribir tu propia historia. Recuerda: utiliza una oración temática y dos o tres detalles sustentatorios.

_____

_____

_____

_____

_____

_____

_____

Objetivo: Desarrollar una historia narrativa utilizando un modelo.

# Composición de una historia narrativa

## Mi día perfecto

Ayer fue el día más perfecto de mi vida.  Me sentía de lo mejor.

Todo comenzó cuando _____

Luego  _____

_____

La mejor parte fue cuando  _____

_____

_____

_____

Escribe un párrafo acerca del peor día de tu vida.  Sigue el mismo orden.  Subraya las oraciones temáticas. Recuerda: escribe dos o tres detalles sustentatorios.

_____

_____

_____

_____

_____

_____

_____

Objetivo: Desarrollar una historia narrativa utilizando un modelo.

## Composición de una historia narrativa

## Pingüinos

En mi opinión, las aves más interesantes son

_____

_____

(Da tres o más razones del por qué piensas que son interesantes.)

_____

_____

_____

_____

_____

Escribe otro párrafo acerca de cualquier otro animal o ave.
Recuerda: utiliza una buena oración temática y tres o más
detalles sustentatorios.

_____

_____

_____

_____

_____

_____

Objetivo: Escribir una historia narrativa de manera independiente.

OTM-2536  ISBN: 9781770788053

# Composición de instrucciones

## Cómo hacer un hombre de nieve

Cuando llega el invierno, me gusta salir a hacer un hombre de nieve.

Primero, _____

_____

_____

Segundo, _____

_____

Tercero, _____

_____

_____

Finalmente, _____

Dibuja una figura en cada cuadro para mostrar los pasos que seguiste para hacer el hombre de nieve.

| | |
|---|---|
| | |
| | |

Objetivo: Escribir un párrafo de instrucciones e ilustrarlo.

## Composición de instrucciones

## Cómo hacer una linterna de calabaza para el Día de Brujas

En el Día de las Brujas siempre hago una linterna de calabaza. Voy a una granja para comprar una _____

Primero, _____

_____

Segundo, _____

_____

Tercero, _____

_____

Finalmente, _____

_____

Dibuja una figura en cada cuadro para mostrar los pasos que seguiste para hacer la linterna de calabaza.

| | |
|---|---|
| | |
| | |

Objetivo: Escribir un párrafo de instrucciones e ilustrarlo.

## Composición de instrucciones

# Cómo hacer tarjetas de San Valentín

En el día de San Valentín me gusta hacer tarjetas de San Valentín para mis amigos. Busco papeles de colores, servilletas de filigrana, crayones, pegamento y tijeras.

Primero,_____

_____

Segundo, _____

_____

Tercero,_____

_____

Finalmente, _____

_____

Dibuja una figura en cada cuadro para mostrar los pasos que seguiste para hacer las tarjetas de San Valentín.

|  |  |
|---|---|
|  |  |
|  |  |

Objetivo: Escribir un párrafo de instrucciones e ilustrarlo.

OTM-2536  ISBN: 9781770788053  149

## Composición de una historia

Completa el inicio de la historia con detalles sustentatorios.

Si yo fuera un hada, volaría por todo el mundo ayudando a la gente.

_____
_____
_____
_____
_____
_____
_____
_____

- - - - - - - - - - - - - - - - - - - - - - - - - - -

## Composición de una historia

Completa el inicio de la historia con detalles sustentatorios.

Si yo fuera un pirata, navegaría por todo el mundo buscando tesoros. _____
_____
_____
_____
_____
_____
_____
_____

Objetivo: Escribir detalles para sustentar la oración temática.

*Composición de Historias*

## Composición de una historia

Completa el inicio de la historia con detalles sustentatorios.

Una noche, tuve el más delicioso de los sueños.
Soñé que _____

_____

_____

_____

_____

_____

_____

_____

_____

## Composición de una historia

Completa el inicio de la historia con detalles sustentatorios.

Mi perro regresó negro y sucio después de haber jugado en el fango. Decidí _____

_____

_____

_____

_____

_____

_____

_____

_____

Objetivo: Escribir detalles para sustentar la oración temática.

| Composición de una historia | Completa el inicio de la historia con detalles sustentatorios. |

Había una vez una tortuga a la que le gustaba mucho jugar al béisbol.  La Tortuga Timoteo_____

_____

_____

_____

_____

_____

_____

_____

- - - - - - - - - - - - - - - - - - - - - - - - - - - - - -

| Composición de una historia | Completa el inicio de la historia con detalles sustentatorios. |

Había una vez un ratón a quien le gustaba mucho comer queso y otras cosas sabrosas.  Un día el ratón _____

_____

_____

_____

_____

_____

_____

_____

_____

Objetivo: Escribir detalles para sustentar la oración temática.

## Composición de una historia

Completa el inicio de la historia con detalles sustentatorios.

Había una vez un enorme castillo que se encontraba en lo alto de la Colina de Vientos. En el castillo vivía

_____

_____

_____

_____

_____

_____

_____

## Composición de una historia

Completa el inicio de la historia con detalles sustentatorios.

En una cueva lejana, en las afueras del pueblo, vivía un horrible dragón. Nadie podía acercársele porque_____

_____

_____

_____

_____

_____

_____

_____

Objetivo: Escribir detalles para sustentar la oración temática.

## Composición de una historia

Completa el inicio de la historia con detalles sustentatorios.

En el ático de una vieja casona vivía una pequeña fantasmita llamada Gloria. Algunas veces se podía ver a Gloria flotando a través de las ventanas. Otras, Gloria

_____

_____

_____

_____

_____

_____

_____

## Composición de una historia

Completa el inicio de la historia con detalles sustentatorios.

La elefanta Elena era una famosa estrella de circo. Se le conocía por todo el mundo por su _____

_____

_____

_____

_____

_____

_____

_____

_____

Objetivo: Escribir detalles para sustentar la oración temática.

## Composición de una historia

Completa el inicio de la historia con detalles sustentatorios.

Los niños jugaban alegremente en la playa. Ellos estaban _____

_____

_____

_____

_____

_____

_____

_____

_____

- - - - - - - - - - - - - - - - - - - - - - - - - - - - - - - - - - - - - - - - -

## Composición de una historia

Completa el inicio de la historia con detalles sustentatorios.

Era la semana de limpieza. Rebeca y Roberto ayudaban a limpiar _____

_____

_____

_____

_____

_____

_____

_____

_____

Objetivo: Escribir detalles para sustentar la oración temática.

OTM-2536 ISBN: 9781770788053

155

## Composición de una historia

Completa el inicio de la historia con detalles sustentatorios.

Hace mucho años, los dinosaurios habitaban nuestra tierra.  Algunos dinosaurios eran herbívoros, mientras otros eran carnívoros.  Los dinosaurios

_____

_____

_____

_____

_____

_____

_____

_____

## Composición de una historia

Completa el inicio de la historia con detalles sustentatorios.

La jirafa es el mamífero más alto del mundo.  Tiene

_____

_____

_____

_____

_____

_____

_____

_____

Objetivo: Escribir detalles para sustentar la oración temática.

## Composición de una historia

Completa el inicio de la historia con detalles sustentatorios.

José iba a hacer panqués para el desayuno.
Primero, él _____

_____

_____

_____

_____

_____

## Composición de una historia

Completa el inicio de la historia con detalles sustentatorios.

Martín estaba en el centro de pintura. Primero, él

_____

_____

_____

_____

_____

_____

Objetivo: Escribir detalles para sustentar la oración temática.

## Composición de una historia

Completa el inicio de la historia con detalles sustentatorios.

La mariposa monarca es un insecto muy hermoso.  Es _____

_____

_____

_____

_____

_____

_____

_____

- - - - - - - - - - - - - - - - - - - - - - - - - - - - -

## Composición de una historia

Completa el inicio de la historia con detalles sustentatorios.

El castor es un animal del bosque que siempre está ocupado.  En la primavera, todos los días él _____

_____

_____

_____

_____

_____

_____

_____

_____

_____

Objetivo: Escribir detalles para sustentar la oración temática.

## Composición de una historia

Completa el inicio de la historia con detalles sustentatorios.

Juan viajó al espacio exterior en una nave espacial. Fue a _____

_____

_____

_____

_____

_____

_____

_____

---

## Composición de una historia

Completa el inicio de la historia con detalles sustentatorios.

Era el día de siembra de árboles en la escuela. Primero, Beatriz y José _____

_____

_____

_____

_____

_____

_____

_____

_____

_____

Objetivo: Escribir detalles para sustentar la oración temática.

# Respuestas

## Página 131: ¿Cuál es la idea principal?

A) Una osa negra madre dedica dos años de su vida en adiestrar a sus crías.

B) Cuando iba camino a la escuela vi muchas señales del advenimiento de la primavera.

C) Al lado del cobertizo del Sr. Pérez en el Río Salmón, una mamá pato había construido un gran nido.

D) El sábado pasado llovió todo el día y mi hermanita y yo tuvimos que quedarnos en casa.

E) Hoy hice un dibujo de un sueño muy extraño que tuve anoche.

F) Emilia tenía un lugar secreto donde esconderse en su casa.

## Página 132: ¿Cuál es la idea principal?

A) El sábado en la mañana miré por la ventana y vi que caían copos de nieve.

B) Los ratones del establo tenían un problema con el gato del granjero.

C) El árbol de arce sólo crece en América del Norte.

D) Las lombrices de tierra son unos animales muy pequeños.

E) Existen muchos tipos de duendes.

F) La tela de araña está hecha de una seda elaborada por la araña hembra.

## Página 133: ¿Cuál es la oración temática?

1. El hockey es un juego entretenido.
2. Recolectar manzanas es divertido.
3. Al viento le gusta jugarnos trucos en el otoño.
4. Los peces son fáciles de cuidar.

## Página 134: ¿Cuál es la oración temática?

1. El zorrillo es casi del tamaño de un gato.
2. El mapache utiliza sus patas como si fuera una persona.
3. El paro es un ave pequeñita de color gris.
4. Había una vez un viejo autobús escolar.

## Página 136: Detalles sustentatorios

A) Mi perro también puede correr rápido.

B) Los árboles pierden sus hojas.

C) Llevé a mi perro a dar un largo paseo.

D) Disfrutamos ver a los castores cortando los árboles.

E) A los cuervos les gusta comer maíz.

F) Minino era el gatito de Beatriz.

## Página 139: Oraciones de enlace

A) 4, 2, 1, 3     B) 2, 4, 1, 3     C) 3, 2, 4, 1

## Página 140: Oraciones de enlace

A) Los petirrojos estaban muy ocupados construyendo su nido con ramitas y pasto. La Mamá Petirrojo dejó tres huevos azules en el nido. Se sentó sobre los huevos para mantenerlos calientes. En poco tiempo, salieron tres petirrojos bebés de los cascarones.

B) La alarma de Pablo sonó y él se despertó. Se levantó y se vistió rápidamente. Luego tomó desayuno. Finalmente, Pablo se puso de camino a la escuela.